패키지 여행,
싱글로 떠나자

패키지 여행, 싱글로 떠나자

초판 1쇄 인쇄 | 2022년 06월 25일
지은이 | 심성희
펴낸이 | 이재욱(필명:이승훈)
펴낸곳 | 해드림출판사
주 소 | 서울 영등포구 경인로82길 3-4(문래동1가 39)
       센터플러스빌딩 1004호(우편07371)
전 화 | 02-2612-5552
팩 스 | 02-2688-5568
E-mail | jlee5059@hanmail.net

등록번호 제2013-000076
등록일자 2008년 9월 29일

ISBN 979-11-5634-510-7

심성희
여행
에세이

패키지 여행,
싱글로 떠나자

해드림출판사

서문

혼자, 목적지에 다가서는 기쁨

여행 가기 3일 전 폰을 바꿨다. 좀 더 많이 담고 더 좋은 화질을 위한 욕심에서다. 함께 가는 이도 없으니, 여행 내내 자연과 나, 그곳의 문화와 혼자만의 공간에서 시간을 보내야 한다. 기능이 하나라도 더 있다는 게 왠지 위안이 될 것 같기 때문이다.

아직 '싱글'이 낯설다. 솔직히 여행의 기대와 흥분보다 암담하고 불안하기만 하다. 결혼 이후 '혼자'인 적이 거의 없었다. 남편, 아이들, 시댁 식구, 강아지까지 주변에서 늘 함께했다. 몸에 익숙한 '함께'가 이제 혼자 자고, 혼자 먹고, 혼자 다녀야 한다. 자유로울 수는 있겠지만 한편으론, 부담이다.

스케줄에 맞춰 늦지 않아야 하고 남과 하는 식사 자리에서도 최대한 융통성을 보여야 한다. 하지만 혼자라는, '특별한 느낌의 여행이 아닐까'라고 합리화해 본다.

그래서 '싱글로 떠나자'라는 타이틀을 만들었다. 분명 의미 있는 여행이 되리라 믿는다. 캐리어와 크로스 가방에 '믿음'과 '확신', '도전'이라는 단어를 챙겨 넣었다. 충분하다. 자, 그럼, 떠나자! 싱글로.

앞글은 처음 싱글로 떠났던 동유럽여행, 전 날 적은 글이다. 그때 그 흥분으로 언제 다시 여행할 수 있을까 싶다(코로나 상황). 여행기를 쓰고 사진을 보면서 또 다른 여행지를 생각하고 있던 나. 일기처럼 기록해본 것을 여기에 옮기면서 발견한다. 아, 이거구나! 정해진 목적지에 도달하는 것보다 그 목적지를 향해가는 과정, 그 과정을 즐기는 삶, 그것을 '싱글'로 즐기고자 했던 나를.

싱글로 여행하는 동안 곁에 함께 한 자연과 생물들, 인연이 된 모든 분들께 감사드리며, 싱글로 떠날 수 있게 해 준 가족에게는 가장 빛나는 작은 별무리라고 말하고 싶다.

2022. 5. 남한강가에서

차례

서문 - 혼자, 목적지에 다가서는 기쁨 · 4

 **동유럽**

여행, 출발이닷! · · · · · · · · · 16
환상적인 섬, 블레드 · · · · · · · 17
포스토이나 동굴 · · · · · · · · · 19
신비한 플리트비체 · · · · · · · · 21
꿈에도 그리던 두브로브니크 · · · · · 23
'BUZA CAFE'를 찾아서 · · · · · · 26
유람선 타고 관광 그리고 누드섬 · · · · 28
시베니크를 향한 버스 카페에서 · · · · 31
부끄러운 실수 · · · · · · · · · · 34
드디어 프라하! · · · · · · · · · · 36
'까를교'를 거닐며 · · · · · · · · · 38
'존 레넌 벽'을 찾아서 · · · · · · · 40
인생의 로텐부르크를 만나다! · · · · · 43
여행은 이런 것 같다! · · · · · · · 46

② 호주, 뉴질랜드

큰일 날 뻔한 입국 · · · · · · · 52
물값이 너무 비싸요 · · · · · · · 54
경이로운 와이토모 동굴 · · · · · · · 56
초대받지 않은 손님과의 동침(?) · · · 59
쉽쇼(?) · · · · · · · 61
뒤질랜드 · · · · · · · 63
김 모락모락~ 로토루아 간헐천 테푸이아 · 65
장어구이, 어딨지? · · · · · · · 67
21번 게이트, 어디? · · · · · · · 69
퀸스타운에서 · · · · · · · 72
명품 여행(?) 'Time to say good bay' · · 75
잊을 수 없는 '마운트 쿡 트레킹' · · · · 78
맥주를 찾아서 · · · · · · · 81
페더데일 야생 동물원 · · · · · · · 84
하버브리지(Harbour Bridge) 야간투어 · · 87
tour in 오페라 하우스 · · · · · · · 89
船上 tour · · · · · · · 92

3 북유럽

수면실(?) · · · · · · · · · · · · · · 96
철학이 노니는 비겔란 조각공원 · · · · 98
스타브교회 · · · · · · · · · · · · · 100
미아(迷兒) · · · · · · · · · · · · · 103
플롬산악열차 타러 가자! · · · · · · · 105
그림 같은 도시 Bergen · · · · · · · 108
걸작품, 뵈링폭포 · · · · · · · · · · 111
하당에르비다 고원지대 · · · · · · · 114
첫 경험, D·F·D·S · · · · · · · · · 116
인어공주, 어디에? · · · · · · · · · · 118
Incredible! 연어회~ · · · · · · · · · 120
취조실? · · · · · · · · · · · · · · 122
믿거나 말거나 〈바사호 박물관〉 · · · · 124
시벨리우스 공원 · · · · · · · · · · 126
아름다운 템펠리아우키오교회 그리고 미아 · 128

첫 경험, 택시투어 · · · · · · · 131
분수축제, 여름궁전 · · · · · · · 133
아르바트 거리 · · · · · · · · · 136
붉은 광장, 〈바실리 성당〉 · · · · · 139
굼 백화점 · · · · · · · · · · 141
내 캐리어는 어디에? · · · · · · · 143

4 서유럽

최악의 환승과 영국 도착 · · · · · · 148
드디어, 유로스타 · · · · · · · · 150
만나기 힘든 〈베르사유 궁전〉 · · · · · 152
배터리 없나요? · · · · · · · · · 155
에펠탑에 오르다 · · · · · · · · · 157

황홀한 센강 유람 · · · · · · · · · 160
루브르박물관의 미아 · · · · · · · 162
TGV(테제베)의 그 남자 · · · · · · 166
융프라우호 산악열차 · · · · · · · 169
융프라우호가 보이다! · · · · · · · 171
밀라노 두오모의 까마귀 · · · · · · 174
곤돌라와 수상택시 · · · · · · · · 176
베니스 자유관광 · · · · · · · · · 179
전망(?) 좋은 호텔 · · · · · · · · 181
폼페이 최후의 날 · · · · · · · · · 184
바티칸 박물관 · · · · · · · · · · 187
트레비 분수 · · · · · · · · · · · 190
환상적인 〈그랜드 모스크〉 · · · · · 192
버즈를 만나러 주메이라 비치로 · · · 195
버즈칼리파 전망대 · · · · · · · · 197
호불호(呼不呼) 전통음식 · · · · · · 199

5 홍콩, 마카오

마카오 첫인상 · · · · · · · · · 204
인생 호텔을 만나다! · · · · · · · 206
이슬비 속 성바오로 성당 · · · · · · · 208
우욱! 육포거리 · · · · · · · · · 210
펠리시다데 거리(홍등가) · · · · · · · 212
스탠리의 리스보아 · · · · · · · · 214
마카오 타워 관광 · · · · · · · · 216
침사추이, 국제미아(?) · · · · · · · 218
정감 있는 콜로안빌리지 · · · · · · 221
내 카드, 어딨지? · · · · · · · · · 223
윈 펠리스(Wynn Palace) 호텔 분수 쇼 · · 225
카지노 해봤니? · · · · · · · · · 228
베네시안 리조트 · · · · · · · · 229
내 에코백? · · · · · · · · · · 231

6 이집트, 요르단

인샬라, 이집트 · · · · · · · · · 238
피라미드와 스핑크스 · · · · · · · · · 240
왕가의 계곡 · · · · · · · · · 243
카르낙 신전 · · · · · · · · · 246
마차투어 · · · · · · · · · 248
쓰레기마을교회(콥틱교회) · · · · · · · · · 250
칼 카릴리 바자르의 거래 · · · · · · · · · 252
쉽게 만나주지 않는 페트라 · · · · · · · · · 254
와디럼, 베두인 전통 바비큐 · · · · · · · · · 258
소리가 끊어진 시간 · · · · · · · · · 260
와디럼 지프 사파리 · · · · · · · · · 262
요단강에서 · · · · · · · · · 265
사해(dead sea) 체험 · · · · · · · · · 267
고요하고 평화로운 갈릴리 호수 · · · · · · · · · 269
오병이어교회 · · · · · · · · · 272

베드로 물고기 · · · · · · · · · · · 274
기드론(Kidron) 골짜기 · · · · · · · · 275
마가의 다락방과 다윗왕의 무덤 · · · · · 277
베드로 통곡교회 · · · · · · · · · · 280
아기 예수탄생교회 · · · · · · · · · 282
비아 돌로로사(Via Dolorosa) · · · · · 284
성묘교회 · · · · · · · · · · · · 290
통곡의 벽 · · · · · · · · · · · · 294

여행을 접으면서 · · · · · · · · · · 298

1
동유럽

독일, 오스트리아, 보스니아, 슬로베니아, 체코, 크로아티아, 헝가리

여행, 출발이닷!

Pm 1:41. 110번 게이트. 공항 면세점은 알레르기처럼 여전히 내 체질과 맞지 않는다. 쇼핑을 좋아하면 좀 괜찮아질까. 그럴 날이 있을까 싶다.

큰소리치고 나섰지만 해외여행에 혼자 나선 것은 처음이다. 어떤 일이 생길지. 길을 나선 이상은 무조건 go다. 지금부턴 엄마, 아내, 며느리가 아닌 내 이름 석 자 그냥 나다. 데이터까지 정지했다(예전에는 로밍을 신청해야 가능했음). 가족과의 연락은 불가능이다(사진 촬영만 가능함). 말 그대로 모든 것을 끊고 '달랑' 떠나는 노마디즘(nomadism)[1]이다. 버지니아 울프의 〈자기만의 방〉처럼 '나만의 시간', '나만의 방' '나만의 여행'이다. 방이 없으면 어떠랴. 그냥 행복한 여행자가 되어보는 것이다.

'자, 떠나자! 유럽으로.'

---

1) 노마디즘(nomadism) : 특정한 가치와 삶의 방식에 얽매이지 않고 끊임없이 자기를 부정하면서 새로운 자아를 찾아가는 것. 유목(遊牧)주의

환상적인 섬, 블레드

블레드에 도착했다. 18:07. 늦은 시각임에도 관광객으로 붐비고 있었다. 손으로 노를 저으며 지나가는 작은 배, 호숫가 잔디 위 일광욕하는 사람, 파라솔 아래 수영복 차림으로 음료를 마시는 사람, 파아란 강물 위에 소금쟁이처럼 떠다니는 아이와 어른(아이들은 거의 혼자 헤엄치고 있음). 탁 치면 팔랑 뒤집어질 것 같은 카누 위에 마네킹처럼 서 있는 사람. 물 반 사람 반이다. 블레드 섬 주위로 해질녘 풍경이 마아블링처럼 펼쳐지고 있었다. 환상적이다. 호수를 곁에 둔 자연인만이 가질 수 있는 풍요로움. 모든 게 부러웠다. 유럽 여인들의 잘 빠진 몸매까지.

20인승의 보트를 타고 호수 가운데 위치한 블레드 섬으로 향했다. 섬에 도착. 내리자마자 곧바로 보이는 성당으로 갔다. 소원을 들어주는 종이 있었다. 줄에 매달려 잡아당기면 한참 지나서야 종소리가 울렸다. 저세상에서 들려오는 듯했다. 기다린 끝에 줄을 당길 차례가 왔다. 온몸을 실어 잡아당겼다. 나의 소원이 담긴 종소리가 섬을 휘돌아 호수 위로 퍼져갔다. 한국에 있는 가족에게까지 가려는지.

섬은 자그마했지만 있을 건 다 있었다. 기념품 가게에 들렀다.

카페를 겸한 가게의 창으로 햇살이 들어오고 있었다. 주홍빛으로 물든 햇살이 낮보다 식어있다. 카페 옆 작은 박물관에는 블레드 섬의 소유권이 황제에게서 교황으로 넘어가는 과정을 전시해놓고 있었다. 종교와 권력의 온상은 평화로워 보이는 블레드 섬도 예외는 아니다.

섬을 둘러싼 산책로에는 자갈이 깔려있었다. 섬 전체가 내려다보이는 전망대가 있고 낯 뜨거운 연인들의 키스와 새 삶을 시작하는 결혼식이 진행되고 있었다. 신랑, 신부를 축복하는 아카펠라 화음이 작은 섬을 휘돌아 호수 위에 내려앉는다. 모든 것을 받아들이기에 급급했던 열정을 쏟아내듯 블레드 섬은 서서히 그 열기를 접고 있었다.

포스토이나 동굴

슬로베니아의 포스토이나 동굴로 향했다.

이 동굴은 세계에서 두 번째로 긴 동굴로, 그 길이가 무려 20,570m다. 동굴이 워낙 길어 입구에서 꼬마기차(레일)를 타고 들어갔다. 1818년에 발견되었으며, 대문호 헨리 무어가 '가장 경이적인 자연 미술관'이라고 격찬했을 정도로, 동굴 속에는 작은 동굴이 10,000여 개가 있다. 현재는 '대동혈', '콘서트 홀', '무도장' 등 20개의 동굴(5,200m)만 관광용으로 개방되어있다. 대자연의 예술작! 시간과 노력, 땀의 흔적이 암흑 속에서도 잘 보였다.

동굴이 형성될 수 있었던 것은 슬로베니아의 지형이 카르스트이기 때문이다. 동굴 웅덩이에는 세계에서 가장 큰 혈거 양서류인 올름(Olm)[2]이 서식하고 있었다. 커다란 수족관에는 동굴 안에서 살고 있는 생물을 키우고 있었지만 어둡고 움직임이 없어 구별하기 힘들었다. 비록 볼 수 없었지만 태고적부터 살아왔을 생명의 신비로움에 가슴이 뭉클했다. 천장에 매달린 석순과 석주, 종유석들은 아득한 시간 속의 진화를 떠올리게 했다. 까마득

---

2) 올름(Olm) : 수중 양서류. 포스토이나 동굴에만 서식함. 반투명한 흰색의 몸에 눈은 퇴화해 밝기를 피부로 느낌. 수명이 백 년이며 12년 동안 먹지 않아도 살 수 있다고 함.

한 시간이 흐른 뒤, 그때의 이곳은 어떨까.

　동굴을 나올 때, 물방울이 톡! 하고 떨어졌다. '안녕!'이라고 차마 말할 수 없었는지 내 입술 위로 인사하듯 떨어졌다. 이상하게 코가 시큰하고 눈시울이 뜨거워졌다. 또 다른 아득함.

　동굴을 나오니 눈이 부셨다. 몇 천 년의 빛을 겹겹이 두른 태양이 어둠을 깼다.

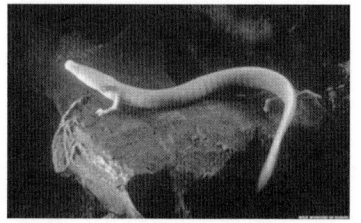

올름(Olm)

신비한 플리트비체

플리트비체에 도착. 크로아티아 국립공원(1949년 지정됨) 중에서 가장 아름다운 곳, 수많은 폭포와 16개의 호수로 유명한 '플리트비체'가 눈앞에 있었다.

크로아티아의 최대 국립공원답게 관광객들로 붐볐다. 입구까지는 여느 숲과 비슷했다. 그러나 호수를 보는 순간, 그 느낌은 확실히 달랐다. 옥빛 그라데이션을 넣은 호수 빛깔(미네랄이 가득하여 햇빛 각도에 따라 다른 색으로 보임), 그 투명 빛 속으로 헤엄치는 물고기, 나뭇잎 사이로 보이는 조각하늘. 초록과 파랑의 찬란한 조화. 감히 어떻다, 라고 표현할 수 없는 신의 작품이었다. 흔히 '불멍'이라고 하지만 이건 '수멍'이었다. 눈을 뗄 수 없었다.

16개의 호수는 원래 하나의 큰 호수였다. 세월이 흐르면서 물속의 석회물질이 퇴적작용을 하면서 천연댐이 만들어지고 계단식 호수와 폭포가 형성된 것이다. 지금도 1년에 1cm씩 호수의 댐이 높아지고 있다고 한다.

발걸음이 호수 위로 둥둥 떠다녔다. 30,000ha, 서울의 절반에 달하는 곳을 한걸음에 내쉬고, 한걸음에 들이마시면서 눈앞에 펼쳐진 것들에게 감사해하며 걸었다. 그렇게 한 시간 반가량을 둥둥 떠다녔다. 주어진 시간은 너무 짧았다. 플리트비체를 1/10정도 봤을까(크루즈관광(50분)까지 포함). 자유여행을 왔다면 2박 3일을 잡아도 부족했다. 아직 가보지 못한 코스들이 뒷덜미를 잡았지만 언젠가 자유여행으로 다시 찾겠다는 약속을 남기며 발길을 돌렸다. 플리트비체도 아쉬워서일까, 투명한 물빛이 바람에 흔들렸다.

꿈에도 그리던 두브로브니크

아드리아해를 바라보면서 두브로브니크로 향했다. 설레기 시작했다.

최근 해안 관광국 중 가장 부상하는 유명세 때문인지 두브로브니크로 가는 차들의 행렬이 끊임없이 이어지고 있었다. 왼쪽으로 고흐가 사랑한 사이프러스나무가 동유럽 여행을 혼자 떠나온 아시아 여인을 반긴다. 안녕!

두브로브니크에 도착. 거리엔 사람들로 꽉 들어차 있었다. 겉으로 보기엔 뭐가 좋은지 알 수 없었다. 해변가의 평범하고 자그마한 거리일 뿐인데, 왜(여행 중 이런 질문을 많이 함. 그러나 언제나 반전이 있었음)?

구시가지의 광장이다. 돌계단에는 시간에서 자유로운 여행객들이 터줏대감처럼 앉아있다. 아예 드러누운 이도 있었다(나도 드러누워 모자를 덮고 잠시 휴식을 취했음). 톨레랑스. 두브로브니크의 상징이자, 아드리아해의 진주라고 불리는 '플라차 거리'로 향했다(여행 오기 전 읽은 유럽 여행담의 책 표지가 바로 이 플라차 거리였음).

플라차 거리

제일 넓은 도로인 플라차는 흰 대리석인 화강암으로 깔려있었다. 오랜 세월 닳았는지 햇빛을 받으면 거울처럼 반짝인다. 진주 같다고 하여, 아드리아해의 진주라고 불린다. 이쪽 끝에서 저쪽 끝까지 빈틈없이 사람들로 북적거렸다. 거리 양쪽 가게들은 모두 똑같이 생겼다. 창과 문의 크기며 디자인이 자로 잰 듯 같았다. 성인 네댓 명만 들어가도 꽉 들어찰 것 같은 좁은 공간이지만 상품과 액세서리를 아기자기하게 진열해놓았다. 가게 앞에 놓인 캘리그래피 문구들이 예쁜 조화를 이루고 있다. 흰 대리석과 성곽의 오래된 도시 이미지와도 잘 어울렸다(우리나라 관광명소에 눈에 띄는 상업성 문구와 현란한 색깔은 정말 자제해야 할 것 같음).

거리 곳곳에서는 기념 촬영하는 이가 많았다. 아드리아해의 진주가 플라차 거리라면, 여행의 진주는 사진?

내일 하루 더 두브로브니크 관광이 있으니 오늘 일정은 여기까지다. 차창을 스쳐가는 아드리아해가 붉게 물들고 있다. 나의 여정도 물들기 시작했다.

'BUZA CAFE'를 찾아서

아침, 눈을 뜨는 순간, 나의 기도가 이루어진 것 같았다. 호수 같은 바다 위 섬 사이로 올라오는 붉은 해가 빨간 지붕들과 너무 잘 어울렸다. 어제에 이어 오늘도 두브로브니크 관광이다. 오전은 자유시간. 기분 좋은 설렘이다.

부자 카페(BUZA CAFE)

국내 텔레비전 예능 프로그램에 나와 유명해진 'BUZA CAFE'를 찾아갔다. 그곳은(보트를 타고 바다에서 바라보았을 때, 마치 커다란 바위 위에 붙은 따개비처럼 아슬아슬해 보였음) 자연 공간을 최대한 이용하여 만들어진 작은 카페처럼 보였다. 분명 이쯤에 위치할 것 같은데 길이 없었다. 어느 정도 유명한 곳이라면 표지판이라도 있을 텐데, 그렇지 않았다. 다시 길을 돌았다. 하지만 길은 하나뿐이었다. 선택은 오른쪽, 아니면 왼쪽이다. 오른쪽은 바다, 왼쪽은 육지다. 바다 쪽으로 샅샅이 훑어도 들어가는 입구가 보이지 않았다. 한참을 헤매고 있는데, 외국인 일행이 바다 쪽 작은 틈새에서 나오고 있었다. 달려갔다. 아니나 다를까 그곳이 입구였다. 아주 작은 글씨로 'BUZA CAFE'라고 적혀 있었다. 세 번씩이나 지나쳤던 길가였다.

  철조망으로 된 입구는 사람 한 명이 겨우 드나들 수 있게 해놓았다. 생각 없이 간다면 그냥 바위틈새에 만들어진 작은 구멍처럼 보인다. 더구나 이정표나 간판도 보이지 않아 찾기가 쉽지 않았다. 허탈했다. 목이 탔다. 입구를 지나자 계단이 나왔다. 계단을 따라 내려가니 평평하고 넓은 바위가 나타났다. 그 위에 파라솔과 의자들이 자연스럽게 배치되어 있었다. 계단식 테이블에는 이미 관광객들로 꽉 들어차 있었다. 다들 어떻게 찾아왔는지. 시원한 음료 한 잔이 간절했지만 포기해야 했다. 어떻게 찾아왔는데. 억울하고 화까지 올라왔지만 자유시간은 점점 사라지고 미팅 시간은 다가오고 있었다(자연친화적인 구조가 이색적인 카페였음). 'BUZA CAFE'와는 인연이 없는 듯했다. 대신 진짜 'BUZA'가 되어 이런 카페 하나쯤 만들자는 상상으로 기분 좋게 돌아 나왔다.

유람선 타고 관광 그리고 누드섬

자유시간을 끝내고 늦지 않게 선착장에 도착했다. 유람선에 올랐다. 해안을 따라 관광하는 일정이다(유람선은 자유선택 관광인데, 세 명을 제외하고 모두 택했음. 명목상 '선택관광'이라고 했지만 선택하지 않으면 오히려 어디서 어떻게 이 자유를 누려야 할지 몰라 불안함. 차라리 구속을 바라는 이런 심리. 알랭 드 보통[3]이 분석한 '불안' 중 어떤 종류인지 궁금함).

바다에서 바라본 두브로브니크는 하얀 벽돌과 빨간 지붕들이 잘 정돈된 아담하고 작은 어촌을 연상케 했다. 멀어져 가는 두브로브니크 해안을 뒤로하자, 또 다른 해안이 다가왔다. 바위 위에는 살색 빛의 남녀들이 햇살을 쪼이며 자연스레 앉아있었다. 의심스러워 폰 카메라를 줌으로 했다. 아니나 다를까 누드 상태였다. 말로만 듣던 누드 해변이었다. 보란 듯이 곧게 선 채 샤워를 하는 이도 있었다. 중요한 부분이 검은 점이 되어 충분히 짐작할

---

3) 알랭 드 보통. 1969년 스위스에서 태생. 케임브리지대학교(Cambridge University)에서 역사학을 전공. 다수의 신문, 학술지, 잡지 등에 기고하고 있으며, 잉글랜드예술위원회(Arts Council of England)의 문학 분야 패널로 활동. 『왜 나는 너를 사랑하는가(Essays in Love) (1993)』, 『우리는 사랑일까(The Romantic Movement: Sex, Shopping and the Novel) (1994)』, 『너를 사랑한다는 건(Kiss and Tell) (1995)』. 비문학 저서 『불안』으로 더욱 많이 알려졌음.

수 있었다. 감히 드러낼 수 없는 실물의 그것이 멀리서도 요상하게 다가왔다. 이 벌건 대낮에.

누드 섬

 하지만 그들이야말로 '자연인'이 아닐까 싶다. 사실 이 여행을 떠나온 것은 내 어깨 위에 얹힌 것들을 벗어버리고자, 털어 버리고자 온 것이다. 내가 걸친 것, 입고 있는 것, 착용한 것 등. 저들은 그것들을 과감하게 내던진, 용감한 자연인, 여행자인 것이다. 화려한 색상의 옷에 번쩍이는 선글라스를 끼고 알록달록한 모자를 쓴 우리. 정말 자유로운, 여행다운 여행을 하고 있는지 생각해봐야 할 것이다. 누군가를 의식하고, 도장 찍듯 확인하고, 시간에 얽매이고, 관광상품을 사줘야 하고, 맛있는 것 찾고, 맛없으면 불평하고, 인증샷을 남기기에 바쁜 우리에게 저들은 '누드'라는 화두를 멀리서나마 던지고 있었다.

한 시간쯤 유람선 관광을 즐긴 후 선착장에 도착했다. 두브로브니크에서의 일정도 끝났다. 아드리아해는 이별의 아쉬움 때문인지 조금씩 일렁였다. 언제 다시 올 수 있을까. 기약 없는 이별(코로나로 인해 더더욱 기회는 사라짐). 두브로브니크여, 안녕!

시베니크를 향한 버스 카페에서

이번 여행의 좋은 점이라면, 버스 안에서 생각할 시간이 많다는 것이다. 일단 버스에 오르면 수첩을 꺼낸다. 본 것, 먹은 것, 인상적인 것 등 머릿속에서 떠오르는 대로 적어본다. 여행의 느낌이나 떠올랐던 생각들은 순간이자 찰나다. 한 번 놓쳐버리면 다시 주울 수가 없다. 설령 줍더라도 퇴색되었거나 그때의 순수함이 아니다. 수첩에 빼곡히 적힌 것들은 그때, 그 순간의 호흡이자 입김이다. 하여 수첩을 펼쳐 든 지금에도 난 그때의 공기, 그 감동, 분위기를 느낄 수 있다. 수첩의 가치와 기록의 소중함을 더 이상 뭐라 말할 수 있을까.

시베니크를 가면서 수첩에 쓴 나의 하이쿠[4]다.

「다들 허허허 하면서 살아온 동안, 난 미소만 짓고 살아왔구나!」

나는 입꼬리만 올라가는 미소만 지을 줄만 알았지 그들은 상대에게 건네는 손과 나눌 줄 아는 가슴까지 지니고 허허허 웃고

---

4) 일본의 와카(和歌)와 함께 일본 시가 문학의 장르로 해악적이고 응축된 어휘로 인정(人情) 과 사물의 기미(機微)를 재치 있게 표현함.

있었다. 내가 작게 한 걸음을 내딛고 있었다면, 그들은 다섯 걸음을 내디뎠다. 물론, 방향과 의도가 다르고, 내딛는 것만이 옳은 것이라고 할 수 없지만 나보다 큰 만다라를 그리며 살아온 것 같았다(물론 몇몇은 그렇지 않음).

니체가 말했다. '허물을 벗지 않는 뱀은 결국 죽고 만다. 낡은 사고의 허물 속에 언제까지고 갇혀 있으면, 성장은 고사하고 안쪽부터 썩기 시작해 끝내 죽고 만다. 늘 새롭게 살아가기 위해 사고의 신진대사를 하라'고.

허물을 벗고 유유히 움직이는 그들 속에서 허물을 벗지 못한 나는 나 자신을 죽이며 살고 있었다. 이 여행의 끝에서 허허허, 허물을 벗어 들고 섰을 나 자신을 상상해본다.
　수첩을 접고 차창 밖을 내다본다. 날씨가 먹구름으로 서서히 덮이고 있었다.

버스에서 바라본 풍경

부끄러운 실수

헝가리 인터체인지를 통과했다. 그리고 10분 후, 출입국 검사를 받아야 했다. 우리 앞에 관광버스 두 대가 대기 중이다. 앞차는 이탈리아 차로 마흔아홉 명이 탑승했고, 다음 차는 우리와 같은 여행사 버스로 스물한 명이 탑승했다. 평균 잡아 한 대당 삼십 분 정도 예상된다고 하니 지금으로부터 한 시간은 기다려야 했다(크로아티아 경찰이 일행의 여권을 모두 수거해서 출국 신청을 한 뒤, 다시 헝가리로 여권을 건네서 입국수속을 하는 것이기 때문임).

벌써 지루함이 몰려왔다. 차에서 내렸다. 길가의 공터를 거닐었다. 새롭고 예쁜 꽃이 있는지 돌아다녔다(꽃 사진 찍는 게 취미임). 눈에 띄는 것은 없었다. 입국 검사대를 향해 렌즈를 돌렸다. 그런데, 웬 날벼락! 지금껏 말도 없고 친절하게 미소 짓던 운전기사가 내 폰을 빼앗으며 험한 얼굴로 소리를 질렀다. 이곳에선 절대 촬영할 수 없는 금지구역이라면서, 버스 안에 있던 일행과 가이드도 일제히 나를 향했다.

가이드가 인터체인지 통과 시의 주의사항을 여러 차례 일렀다는데 들어본 기억이 없었다. 도대체 어떻게 된 일인가? 미안하기도 하고 무안하기도 하고 창피하기도 했다. 잘못하면 여행도 못하고 한국으로 쫓겨날 뻔했던 것이다(이날 사건 이후, 일행에게 민망하고 기분이 저조한 상태로 일정을 소화해야 했음). 그날, 버스에서 난 도대체 뭘 하고 있었는지(혼자 여행에서 가장 중요한 것은 가이드 안내를 절대 놓쳐서는 안 된다는 것임).

다행히 출입국 절차를 마치고 헝가리 국경을 넘었다. 오래 걸릴 것 같았던 절차가 수월하게 넘어갔다. 다시 버스 카페(버스 안에서 보낸 시간과 공간을 뜻함. 이후 계속 버스 카페로 표현함)의 혼자만의 시간이다. 목적지까지 2~3시간 더 소요된다며 영화를 보여줬다. 제목은 〈글루미 선데이(헝가리 배경의 영화임)〉. 우리말로 해석하자면 '우울한 일요일'이다.

드디어 프라하!

　프라하에 도착했다. 프라하의 낭만이 가득한 야경을 체험하기 위해 구시가 광장으로 들어왔다.
　프라하의 젊은이들은 모두 쏟아져 나온 듯, 엄청난 사람들이 광장을 메우고 있었다. 늦은 시각이지만 야외테이블은 꽉 차 있었다. 열대야의 바닷가를 떠올리게 했다. 이들은 맥주나 음료수 한잔을 앞에 놓고 수다를 즐기고 있었다. 도대체 이 늦은 시각까지 무슨 얘기를 나누는 것일까.
　거리는 특별할 게 없고 광장 가운데의 몇몇 버스커들과 거리 바닥에 앉아 그들과 호흡을 맞추고 있는 관람객들이 있었다. 그리고 또 다른 뭔가로 가득했는데, 그것은 그들이 뿜어내는 호기심과 여행자들에게서 느껴지는 도전과 열정, 사랑으로, 프라하의 밤은 개개인이 뿜어내는 인광으로 빛나고 있었다.
　광장을 벗어나 프라하 다리에 섰다. 꿈꾸던 프라하의 밤, 그 배경 속에서 생각에 잠겼다. 둘러싼 어둠 때문인지, 아니면 혼자서 훌쩍 떠나온 고독과 외로움 때문인지 프라하의 품에 안겨 여전히 말을 잇지 못했다. 그저 눈앞에 두고도 실감하지 못하고 있었다. 말이 필요 없는 지금, 일상에서 잘 탈출했다고 자축하고 싶을 뿐이다. 부러울 게 없는 순간순간을 사진으로 남겨놓고 싶었다. 잊힐까, 잃어버릴까 봐. 어둠이 더 짙어질 때까지 몰다우 강가를 돌아다녔다. 어둠에 나 자신이 희석될 때까지.

몰다우 강을 바라보는 여인

'까를교'를 거닐며

까를교 앞이다. 까를교는 천 년의 역사가 담긴 블타바강의 가장 오래된 다리로 구시가와 프라하성을 연결한다. 삶과 세월을 잇는 소통로이며 보헤미안의 애환과 함께 한 다리다. 9세기 초 나무로 지어졌던 다리는 홍수로 여러 차례 유실되다 현존의 모습을 지니게 된 것은 1406년 보헤미아 카를 4세(까를 4세) 때다. 다리에 처음 돌을 쌓은 오전 5시 31분, 그때를 기념하여 지금도 축포를 쏘는 풍습이 남아있다고 한다.

까를교의 미학적인 가치는 다리 위에 놓인 동상들이다. 다리의 난간 양쪽에는 성서 속 인물과 체코의 성인 등 30명의 조각상이 세워져 있다. 이 동상들은 각자의 개성과 사연을 지녔다. 동상 중 최초로 세워진 것은 17세기 예수 수난 십자가상이며, 가장 인기 있는 동상은 성 요한 네포무크(성 존 네포무크)의 상이다. 네포무트 동상 아래에 있는 부조는 바람을 피운 왕비의 비밀을 지키려 혀가 잘린 채 강물에 던져지는 요한 네포무크 신부라고 한다. 이 동상의 동판에 손을 대고 소원을 빌면 행운이 깃든다는 전설이 있어선지 동판 부분이 반질반질했다. 나 역시 등판에 손을 대고 행운을 빌었다(무엇을 빌었는지 기억나지 않음).

　보헤미안인들이 '세계에서 가장 아름답고 사랑스러운 다리'로 꼽는 까를교지만 솔직히 그렇게 아름답다는 생각은 들지 않았다. 다만 버스커들과 인형 쇼, 초상화를 그리는 화가들이 많아서 문화와 예술이 살아있는 느낌은 강하게 들었다. 아무튼 까를교의 새로운 문화를 맘껏 음미하며 다리를 건넜다.

'존 레넌 벽'을 찾아서

'John Lennon Wall Prague'으로 향했다. 비틀스의 멤버 존 레넌을 상징화한 벽화가 있는 곳이다. 지도상에는 분명 까를교 아래에 있지만, 막상 그곳에 없었다. 뛰고, 달리고 걷고, 뒤졌다(물건을 찾듯 돌아다녔음). 외국인 여행객에게 물어보고 상점에 들어가서 물어봐도 모른다는 반응이다. 영어 실력이 부족해서 못 알아들었을 수 있을 것 같아 다섯 번을 물었지만 역시, 모른다였다.

존 레넌과는 인연은 없는 듯 어느덧 한 시간이 훌쩍 지나갔다(다른 관광도 못 했음). 힘없이 왔던 길을 되돌아 터벅터벅 걷고 있는데 한국 여대생으로 보이는 이들이 도로가에 앉아있었다. 혹시나 해서 뛰어가 물었다. 처음에는 모른다고 하더니 폰으로 검색한 후 이 근처라며 방향을 알려주었다(여학생들은 지도 찾기 어플을 깔고 자유여행을 다니고 있었음. 어리지만 용기 있는 똑순이들이었음). 존 레넌은 아주 가까이에서 숨바꼭질을 하고 있었다.

가르쳐 준 방향으로 걸어갔다. 골목 끝에서 오른쪽으로, 다시 왼쪽으로 꺾으니 바로, '존 레넌의 벽'이 나왔다. 알고 보니 프라하 까를교 바로 아래, 우리가 지나쳤던 곳에서 불과 몇 미터 내에 있었다. 그런 줄도 모르고(바로 코앞에 두고 못찾았으니 허탈했음).

　벽에 그려진 낙서들은 1980년대에 자유를 열망하던 프라하의 젊은이들이 반공산주의 사회에 대한 자신들의 생각을 낙서로 남긴 것들이다. 그것이 당시 반전운동과 평화를 노래하던 존 레넌과 맞물리게 되면서 '존 레넌의 벽'이라고 이름을 붙이게 되었다. 이후, 체코는 자유를 찾게 되었고 벽화는 체코 젊은이들을 비롯한 많은 여행자들을 불러 모으게 되었다.

　체코 정신을 상징하는 곳인 만큼 앞으로도 꾸준히 찾게 될 곳이라는 확신이 들었다. 관광객 한 분이 벽화에 락커를 뿌리며 뭐라고 적었다. 덧칠한 글자 위에 또 덧칠되어가는 메시지들. 사랑과 평화를 새기려는 여행자들 틈바구니에서 나 또한 몇 글자 새겼다. 'I LOVE 존 레넌'. 나의 낙서 위로 또 누군가의 낙서로 덮이게 될 것이다. 하지만 나의 메시지는 영원히 이곳에 남을 것이다.

가슴이 벅차올랐다. 'I love PRAHA! Freedom'

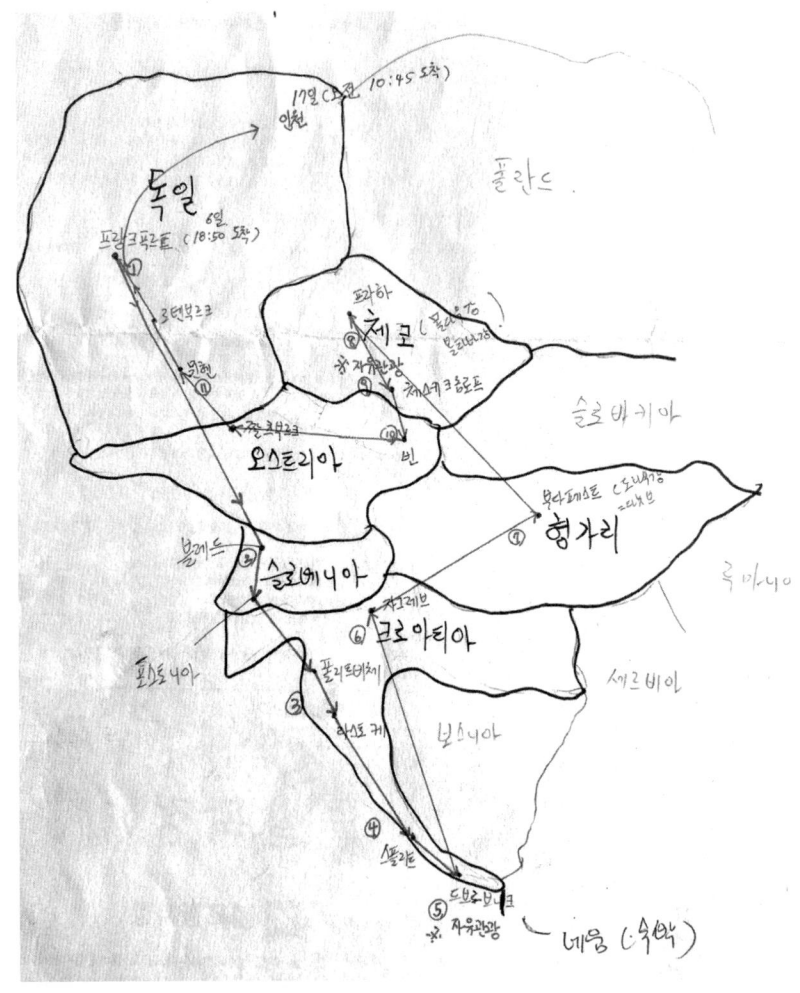

인생의 로텐부르크를 만나다!

비 오는 거리를 걸었다. 맑은 수채화 같았다. 큰길에서 곁가지처럼 뻗친 골목으로 일행들은 흩어졌다.

로텐부르크는 녹색 초원과 붉은 기와지붕으로, 가장 독일다운 정취를 느낄 수 있는 곳이라고 알려져 있다. 아직 붉은 기와지붕은 보지 못했지만 '동화의 나라'라는 표현은 정말 맞았다. 큰길 따라 죽 올라오니 시청사가 나왔다. 비 때문인지 광장은 텅 비어 있었다. 기분마저 우중충했다. 전망대를 갈 것인지 말 것인지 갈등했다. 전망대 꼭대기는 노천이다. 바람까지 심하게 불고 있어 망설여졌다. 갈까, 말까? 순간, 누군가의 말이 떠올랐다. 갈까 말까 할 때는 가라고(줄까 말까 할 때는 줘라. 살까 말까 할 때는 사지 마라. 말할까 말까 할 때는 말하지 마라. 먹을까 말까 할 때는 먹지 마라고 하였음). 그래, 가자!

전망대 위까지 오르는 계단은 좁고 계단수는 많았다. 내려오는 이가 있으면 층계참에서 기다려야 했다. 숨이 찰 정도 오르니 매표소가 나왔다. 층계참 한쪽에 나무로 짜 놓은 매표소는 한 사람 겨우 움직일 수 있을 정도였다. 붉은 얼굴에 인상 좋은 남자에게 짧은 영어로 인사를 건네며 2유로를 냈다. 거기서 오른쪽으로 틀자 곧바로 위로 올라가는 나무 사다리가 보였다. 맨홀 뚜껑처럼 생긴 그곳이 전망대 입구였다. 크로스 가방과 우산을 단단히 가슴에 모으고 사다리를 올라갔다. 시야가 탁 트이는 것과 동시에 머리 위로 빗줄기와 냉기가 쏟아졌다. 우산을 펼쳤다. 몸을 날릴 것 같은 바람이 불었다. 얇은 옷 사이로 비바람이 사정없이 파고들었다. 최악의 순간이다. 이게 뭔가. 꼭 이렇게까지 해야 하는 건가. 무슨 영광을 보겠다고. 전망대에는 왜 올라왔을까. 후회되었다. 다시 내려가고 싶었지만 그럴 수는 없었다. 그래도 존심이 있지. 이러려면 뭣하러 여행을 시작했단 말인가. 에네르게이아적인 삶[5]을 추구하는 게 내 삶의 방식이 아니던가.

　비바람으로 우산이 날아갈 것 같았지만 시야로 믿을 수 없는 풍광이 들어왔다. 이럴 수가! 비에 젖은 녹색 초원과 붉은 지붕. 사진에서 보던 풍경이었다.

　말로 표현할 수가 없었다. 억수같이 쏟아지는 비바람도 아랑곳하지 않고 내려다보았다. 어떻게 이런 풍경이! Unbelievable! 하지만 전망대에서 오래 서 있을 수는 없었다(일방통행으로 한 사람이 겨우 다닐 수 있음). 주위를 둘러보니 모두 내려가고 일행 한 명만이 남아있었다. 누가 먼저라고 할 것 없이 폰을 서로 건네며 기념 촬영을 했다. 좀 더 색다르게 하려 우산을 바꿔 들었다(이번 여행에서 가장 기억에 남는 곳임). 인생에서 다시없는 순간이었다.

---

[5]　아리스토텔레스(Aristoteles): 키네시스(Kinesis)적 인생과 에네르게이아(Energeia)적 인생. 키네시스는 '목적론적 운동'을 말하며, 목적을 완전히 실현한 상태로 나아가는 과정으로, 정해진 목적을 향해 가는 운동. 에네르게이아는 목적의 완성보다 '실현해가는 활동'에 초점을 맞춘 것으로 과정의 상태를 뜻함.

비바람, 우산, 젖은 옷, 파랗게 언 입술, 서로 환상의 커플이라며 위로하던 그때를 지금도 잊을 수 없다(그때 찍은 사진이 가장 멋지고 소중하게 남음. 전망대에 오르지 않았던 이들은 '처절한 전망대에서 거둔 명작들'이라고 말했음).

　전망대를 내려와 위를 올려다보았다. 위에서 내려다봤을 때와 달리, 아래에서 보니 그다지 높아 보이지 않았다. 모든 게 그런 것 같다. 직접 가 봐야 참맛을 알게 되는 것이다. 이런 게 여행의 묘미다. 아무튼 여행의 멋진 완결판이었다.

여행은 이런 것 같다!

〈미움받을 용기〉에 이런 구절이 있다.

『지금의 나보다 앞서 나가려는 것이야말로 가치가 있다』, 『'지금의 나'를 받아들이고, 결과가 어떻든 앞으로 나아갈 용기를 갖게 하는 것이 '용기 부여'다.』[6)]

적지 않은 나이에 이렇게 혼자서 떠날 수 있었던 것은 한 걸음씩, 한 단계씩, 조금씩 앞으로 나아가라며 손을 내민 이 구절 때문이다.

그래서일까, 이번 여행의 막바지에서 여행이란 것에 대해 나름 정리해 보았다.

---

6) 〈미움받을 용기〉 기시미 이치로·고가 후미타케 지음. 2014년. 현대 심리학의 3대 거장으로서 심리학 분야에 큰 영향을 끼친 알프레드 아들러(Alfred Adler)의 철학을 바탕으로 지은 책에서 인용함.

여행은,
- 혼자 해야 한다

여행을 단체나 둘 이상 가게 되면 여행 떠나기 전의 문화(한국문화)에서 벗어나기가 어렵다. 새로운 것을 받아들이기보다 익숙한 것과 의논하고 타협하여 결론 내린다. 그들끼리 모이고, 나누고, 대화하고 먹고 마신다. 이색적인 시간과 공간이 주어지더라도 보이지 않는 틀 속에 자신을 가둬놓거나 익숙한 것에 집착한다.

여행은 혼자여야 한다. 그래야 그곳을 만나려고 한다. 호기심을 드러내고, 그곳의 향기를 맡고, 느끼고 분위기에 심취하게 된다. 그곳에서 알게 된 사람까지 귀한 인연으로 받아들인다.

- 만남과 이별은 자연스럽다

여행을 하다 보면 여행자들끼리 금방 친해지고 가족처럼 지낸다. 하지만 헤어져야 하는 시점에 오면 이별 또한 익숙한 듯 돌아보지 않는다. 어떨 땐, 냉정하고 서운함도 없지 않지만, 살아가는 것이 만남과 이별의 반복이다. 삶 자체가 짧은 여행의 연속 아니겠는가.

- 자신의 행동이나 말에 대한 확신이 있어야 한다

여행의 방향(즐겁다, 좋았다, 행복했다 등, 감정의 방향)은 자신의 말이나 행동으로 결정된다. 그러므로 확실히 해야 한다. 여행은 누군가 대신해 주지 않는다(단, 가족여행일 경우 아랫사람이 윗사람에게 많이 의존하는 편임). 자신이 하는 것에 대한 책임감과 자신에 대한 신뢰감이 있어야 한다. 여행의 스케치는 바로, 자신이 하는 것이다.

- '적응훈련'이다

사람은 익숙함을 선호한다. 환경, 음식, 문화, 친구, 동료 등. 알고 있는 행동반경에서 벗어나는 것을 그다지 좋아하지 않는다. 아무리 여행을 좋아하는 이도 '지금 상태'에 길들여지려고 한다(물론 아닌 사람도 있음). 새로운 것보다 익숙한 것을 가까이 하는 것은 인간의 본성이다. 문제는, 여행이란 자체가 새로운 것을 찾고자 나선 것이다. '지금 상태'를 과감히 던져야 한다. 그런데, 이것을 갖고 가는 경우가 많다. 여행은 '지금 상태'를 버리는 '적응훈련'이다.

- 내게서 또 다른 나를 발견하는 것이다

여행에는 특별한 선물이 있다. 일상에 지친 자신에게 '특별한 시간'을 선물하는 것이다. '넌 이런 여가를 누릴 만큼 열심히 살았어' 라는 격려 한 마디와 함께. 찌들고 거친 모습이 아닌 맑고 순해진 눈으로 자연 앞에 선 나를 만날 기회를 선물한다. 팽팽하게 부푼 가슴과 탄력 있는 미소로 웃음 짓고 있는 자신을 분명 발견하게 된다.

- 참된 앎을 깨닫게 한다

법정스님께서 이렇게 말씀하셨다.

『참된 앎이란 타인에게서 빌려온 지식이 아니라, 내 자신이 몸소 부딪쳐 체험한 것이어야 한다. 다른 무엇을 거쳐서 아는 것은 기억이지 앎이 아니며, 긁어모으는 것에 지나지 않는다. 결코 '내 것'이 될 수 없다』

여행이란 바로 이런 것이다. 내 것을 만들어가는 몸짓이다.

그래서 떠난다. 주머니에 버리지 못한 부스러기를 한 움큼 집어넣고, 돌아올 땐 털털 털어버린다. 여행 가방은 새털처럼 가벼워지고, 내 눈은 좀 더 깊은 침묵을 담아 올 것이다. 나는 지금도 여행 중이다.

2
호주, 뉴질랜드

오클랜드, 로토루아, 크라이스트처치, 밀포드사운드, 퀸스타운, 시드니

큰일 날 뻔한 입국

　남은 시간, 두 시간. 기내에 불이 켜졌다. 아침식사다. 준비완료(기내에서 가장 신속한 움직임이 감지되는 순간임)! 이번에는 달걀 오믈렛이다. 요거트, 빵, 커피가 곁들여 나왔다. 4시간의 시차를 생각하면 새벽 1시 30분에 아침을 먹는 꼴이다. 어떻게 먹고 싶겠는가, 라고 생각하지만 감긴 눈들이 떠지며 tray table이 내려가고 순식간 음식물을 비운다. 여행 첫날 식사가 '기내식'으로 되어있어 잘 먹어야 했지만 무리다. 음식을 반 이상 남겼다(이날 오후 2시쯤 점심을 먹었으므로, 반나절 동안 굶은 꼴이 되었음. 기내식 남긴 것을 후회했음). 뜯지 않은 빵은 챙겼다.

　창으로 아침 햇살이 눈부시게 들어온다. 남은 시각, 35분. 오지 않던 졸음이 그제야 쏟아진다. 뭔 조화인지. 기내방송으로 뉴질랜드 입국 경고 사항을 알린다. 음식물이나 생과일 반입은 일체 금지다. 음식물 반입 시에는 엄청난 벌금을 물게 되니 입국신고서에 꼭 기록하라고 한다. 가방에 넣어둔 빵이 거슬렸다. 비행기에서 내리기 직전 출입문 쪽 의자에 던졌다. 입국 수속을 무사히 마쳤다. 나중에 알게 되었지만, 입국자 중 빵을 갖고 나오다 걸려 300불(한화로 약 40만 원) 벌금을 냈다고 한다. 빵을 챙겼다면. 생각만 해도 오싹하다.

  실은, 또 하나 챙겼는데, 기내에서 제공된 330ml 물병이다. 여행 중 갖고 다니기에 적당했다(시중 물병은 거의 500ml로 크고 무거움). 빈 물통을 만들기 위해 2/3쯤 남아있던 물을 마셨다. 그런 물고문은 처음이다(난 물을 거의 마시지 않는 편임. 지금은 잘 마심). 그런데, 어이없게 물은 그냥 통과다. 한심하고 억울했다. 입국 수속을 마치자마자 바로 화장실로 달려가 오줌을 내질렀다.

물값이 너무 비싸요

목이 말랐다. 가게로 갔다. 생수 한 병 가격이 $4. 뭐가 이렇게 비싸(보통 생수 한 병 가격이 $1~2임)? 더구나 여기는 공기와 수질 오염이 없어 물값이 싸야 했다. 알고 보니 그것은 물값이 아닌, 물을 담는 플라스틱 용기 값이었다.

물은 얼마든지 공짜로 마실 수 있었다. 해변가 공원에 만들어 놓은 식수대 물도 그냥 마셔도 된다. 가정에서 나오는 수돗물, 화장실이나 세면대에서 나오는 물도 식수로 가능하다(우리나라도 1980년대 중반까지는 수돗물을 그대로 마셔도 될 만큼 수질이 좋았음). 반면 일회용품 값은 비싸다.

생수병의 플라스틱 용기는 환경을 오염시키는 주요 원인으로, 가정이나 관공서에서도 가능한 일회용품을 사용하지 않는다.

뉴질랜드는 1950년대부터 환경 오염 방지를 목적으로 화력발전소를 없애고 지열발전소로 눈을 돌렸다.

하니, 일회용 물병만 잘 챙기면 여행 중 물값은 전혀 나가지 않는다. 식사 때마다 식당의 물을 생수병에 채우면 된다. 물 인심은 유럽도 좋지만 여기는 더 후하다.

호텔 화장실 물을 끓여 커피를 타 마시기도 했다. 여행이 끝난 지금까지 건강상의 문제가 전혀 없는 걸 보면, 그렇다 환경보호를 위해서는 일회용품 가격을 떳떳하게 올려 받는 나라, 뉴질랜드다.

경이로운 와이토모 동굴

이렇게 경이로운 경험을 또다시 할 수 있을까(여행은 언제나 지금이 마지막인 것처럼 다녀야 함). 빛이 발명되기 전, 석기시대로 돌아간 나는 어두운 동굴 안에서 울고 말았다. 무서워서? 그렇다. 정말 무서웠다. 그 신비함이, 아름다움이, 경이로움이, 고요함이, 생명의 위대함이 무서워 울고 말았다.

와이토모는 오클랜드에서 남서쪽으로 세 시간 거리에 있다. 그곳으로 간 이유는 단 하나, 와이토모 동굴 관람을 위해서다(그만한 가치가 충분히 있었음). 유의사항을 들으며 입구에 들어섰다. 여기서부터 '촬영 금지'다.

와이토모 동굴은 수력에 의해 자연적으로 생성된 석회 종유 동굴로 동굴 내부는 거의 흰색에 가까웠다. 석회 성분이 많아 바닥이 축축하지 않고, 수분기가 적어 석주가 다른 동굴에 비해 잘 자라지 않는다고 한다(어느 동굴이든 100년에 거의 1cm는 자란다고 하니 그 차이를 알 수 없음). 동굴 내부는 지질학자나 동굴 연구가가 아니라면 그 차이를 거의 알 수 없을 정도로 비슷했다. 석주나 석순은 자라는 모양이나 동굴 형성 과정에서 나타나는 특징에 따라 '마리아상', '용상', '남근상' 등 이름을 갖다 붙였다.

　가이드가 가던 걸음을 멈추고 박수를 쳐보라고 하여 일제히 박수를 쳤다. 이상한 점을 말해보라고 했다. 모두가 침묵. 이곳은 울림이 없다고 했다. 정말 그랬다. 동굴에서 흔히 들을 수 있는 울림이 없었다. 그것은 석순이 비어있어 모든 소리를 흡수하기 때문이라고 했다. 과학적인 원리는 잘 모르지만 울림이 없는 것은 사실이었다.
　얼마쯤 걸어가니 배 타는 곳이 나왔다. 두 척의 배에 나눠 탔다. 바로 뒤따라오는 배가 보이지 않을 만큼 짙은 암흑이었다. 배는 동굴 위쪽에 설치해 놓은 줄을 잡아당기며 나아갔다. 암흑과 침묵 속에서 일행들의 놀란 눈과 연신 벌어졌을 입이 그려졌다. 더욱 신기한 것은 동굴 천장 위에 박힌 무수한 별(?)이었다. 반짝반짝 빛나고 있었다. 동굴 안에 웬 별? 그것은 다름 아닌 동굴 속에서 살고 있는 유충이었다. '개똥벌레' 또는 '곰팡이 모기'라고 부르는데, 각각의 빛에는 가는 실타래가 아래로 드리워져 있었다. 이는 빛을 찾아 날아온 작은 미생물을 잡기 위한 끈끈이 줄이다.

하늘하늘하고 투명한 실타래의 모습은 표현할 수 없을 만큼 황홀했다. 그 짜릿한 황홀감에 이은 생존본능이 어느새 눈물이 나오도록 했다. 입김만 불어도 금방 뭉개져 버릴 것 같은 가늘고 여린 것에 대한 연민이었을까. 벌레를 유혹하려는 작은 생명력과 아름다움을 곁들인 자연의 걸작품에 뭉클했다.

아직도 눈에 선한 어둠 속의 작은 빛들. 생명에 대한 경이로움과 엄숙한 순간은 잊을 수 없는 선물이었다.

문명의 빛이 동굴 입구로부터 서서히 비춰 들어왔다. 와이모토 동굴은 시간을 거슬러 가 보았던 환상적인 타임머신이었다.

초대받지 않은 손님과의 동침(?)

여행 첫날밤을 맞았다. 비가 추적추적 내리고 있었다. 나의 방은 1층에 있는 기다란 직사각형의 작은 방이다. 겉으로 보기에 넓은 옆방과 작은 문으로 이어져 보조 방 같았다(다음날 물어보니 역시 내 짐작이 맞았음. 가족실인데, 큰방은 부모님용이고 내가 묵은 작은 방은 아이들용이라고 함).

조명이 들어오니 아늑했다. 1층이라 창문을 열 수 없어 커튼을 쳤다. 답답했지만 환기통으로 빗소리가 들려오니 나름 괜찮았다. 한데 이상하리만큼 쓸쓸했다. '왜 이런 여행을 사서 하고 있는 거지?' 빗소리, 집, 꿈이(집에 키우는 강아지) 등 온갖 상념을 떠올리다 잠이 들었다.

얼마나 잤을까. 아직 눈을 뜰 때가 아닌 듯했지만 잠이 깨였다. 뾰족뾰족 이불에서 뭔가가 찔러댔다. 낮에 숲을 산책하다 도깨비바늘이 붙었나, 아니면 온천욕의 부작용인가, 그것도 아니면 침대커버에 이물질이 굳어 피부를 긁는 것인가.

눈은 좀체 떠지지 않았다. 계속해서 뾰족뾰족한 게 허벅지를 찔렀다. 간질간질, 뭔가 움직이는 느낌이다. 스멀스멀. 이게 뭐지? 이불을 젖혔다. 으악! 하얀 이불 속에서 커다랗고 시커먼 바퀴벌레 한 마리가 나왔다. 녀석도 놀랐는지 우왕좌왕했다. 아이고 엄마야! 침대에서 펄쩍 뛰어내렸다. 저 녀석과 몇 시간을 동침했다니, 소름이 쫙 올라왔다.

녀석은 방향을 잡지 못하고 여기서 저기로, 저기서 여기로 쓱싹거리며 돌아다녔다. 반쯤 나가버린 정신을 다시 차리고, 휴지를 둘둘 말아 녀석의 몸을 재빨리 덮쳤다. 그리고 변기 속에 던진 후 커버를 덮고 물을 내렸다. 꼭 그렇게까지는 하기 싫었지만 밖으로 던지면 어느 구멍을 통해 또다시 들어올지 몰랐다. 거의 몇 시간을 나와 동침했던 녀석. 그러게 왜 초대를 받지 않았는데 나를 찾아와 비참한 최후를 맞았는지.

잠은 좀체 오지 않았다. 새벽이 다 되어서야 짐을 놓아둔 소파 위에서 쪽잠이 들었다.

'첫날밤을 뜬 눈으로 보냈다'. 그러면 다들 어떤 생각을 할까. 아무튼 나는 너무 피곤했다.

쉽쇼(?)

쉽쇼? 양쇼. 말 그대로 쉽쇼다(발음 조심. sheep show).

무대 위 남자가 휘파람을 불 때마다 양이 한 마리씩 등장했다. 무려 열여덟 마리다(양의 종류가 이렇게 많은지 처음 알았음). 헤드 마이크를 낀 남자는 등장하는 양마다 그 특징과 생김새를 설명했지만 기억나는 것은 양 중의 황제가 메리노라는 것과 수명도 가장 길어 약 15년을 산다는 것이다. 이유는 메리노 털을 얻기 위해 최대한 보호하고 관리하기 때문이란다. 다른 종에 비해 복 받은(?) 메리노다.

양의 소개가 끝나자 털 깎는 모습을 보여주었다. 외국인 관광객을 위해 준비해 둔 헤드셋에서 한국어가 나왔다. 반가웠다. 건장한 남자의 유머도 알아들을 수 있어 쇼를 더 흥미롭게 볼 수 있었다. 여행의 기본은 역시 언어 소통이다.

남자는 자기 키보다 더 큰 바리캉으로, 양의 다리부터 밀기 시작했다. 털을 깎을 때는 양의 자세가 중요했다. 발버둥을 칠 수 있기 때문에 양의 머리를 앞쪽으로 감싼 후, 옆으로 뉘고 다리를 꽉 움켜잡아야 한다. 그래야 얌전하다. 남자는 웃음을 섞어가며 털을 깎았지만, 엄청나게 힘이 든다는 것을 흘러내리는 땀으로 알 수 있었다. 양 한 마리를 깎는 시간은 대략 6~8분. 잠시 후, 털이 깎여 덩치가 반으로 줄어든 날씬한 양이 둥근 무대 위에 오뚝하니 섰다. 주변에는 어마어마한 양털이 흩어져 있었다. 한 마리에서 나오는 털의 양은 상상을 초월했다.

쇼가 끝나고 털을 직접 만질 기회가 있었다. 여러 가지 얼룩과 먼지로 뒤엉킨 채 냄새도 나고 모양새도 그랬지만 겨울나기에 더없이 일조하지 않는가. 털을 제공하는 양과 남자의 노동, 가끔 겨울 파카에서 삐져나와 귀찮게 했던 털(토끼, 오리, 양털 등)이 떠올랐다. 한가닥 한가닥 그저 얻어지는 게 없었거늘, 그간 내가 쉽이었구나!

뒤질랜드

뒤질랜드? 이게 무슨 말이지? 이 말은 북가(북섬 가이드)와 남가(남섬 가이드)가 똑같이 비유한 말이다. 여자들의 천국, 남자들의 감옥, 그래서 '뒤질랜드'라고 한다. 여행 오기 전, 이런 비유는 도저히 떠올릴 수 없었다. 남녀노소에게 천국이고 지상 낙원인 줄 알았는데, 왜? 그것은 뉴질랜드의 생활환경이나 문화에 대해 들으면서 이렇게 표현할 수밖에 없음을 알게 되었다. 다음은 뒤질랜드가 된 이유이다.

첫째, 뉴질랜드는 대부분 가족단위로 이루어진다. '옆집'이라는 곳도 많이 떨어져 있어 그들의 문화에는 '식사 초대'가 많다. 먼 이웃과 교류하는 방식이다. 이렇게 가족끼리 모이다 보니 남자들만의 문화가 지극히 드물다.

둘째, 유흥가가 없다. 마을도 드문데 유흥가가 있을 리 없다. 있다 하더라도 주택과 너무 멀어 술 마시는 것은 거의 희망사항이다. 음주운전 절대 금지, 대리운전 불가능.

셋째, 아빠가 인성교육(?) 담당자다. 뉴질랜드는 '가정', '가족' 단위로 이루어진 만큼 가족 관계가 매우 끈끈하다. 부모가 살아가는 모습이 곧 산교육이다. 부모의 행동이 모범적이지 않을 수 없다.

위 세 가지만 보더라도 한국 남자들은 답답해진다. 치맥과 불금, 밤 문화라는 것에 익숙한 남자들이 오죽하겠는가. 감옥 같은 뉴질랜드가 맞다(작가 생각임).

김 모락모락~
로토루아 간헐천 테푸이아(Te Puia)

'간헐천이란 어떤 곳일까?' 수증기가 올라오는 연못이나 작은 냇물?

간헐천이 눈앞에 펼쳐지는 순간 그 놀라움과 신비함은 나를 작디작은 미생물로 만들기에 충분했다. 몰라도 너무 몰랐던 것에 부끄러움이 앞섰다. 걷는 동안 바람에 흩날리는 뜨거운 수증기를 온몸으로 받았다. 자연의 위력과 다양한 초대(?)에 말 문이 막혔다. 왠지 개척자가 된 기분이다. 간헐천은 있는 그대로의 모습만으로 존엄하고 엄숙했다.

로토루아는 지금도 화산 활동이 일어나고 있는 타우포 화산대가 지나는 곳에 위치하고 있다. 주변으로 많은 온천이 생겨나고 있으며, 간헐천과 수증기, 가스 등이 일정 간격으로 분출되고 있어 지질연구에도 관심이 집중되고 있다.

간헐천은 보기만 해도 뼈가 녹을 듯 뜨거운 기온이 느껴졌다. 끓어오르는 수증기가 분수처럼 흩어지며 관광객이 다니는 길 위로 흩날렸다. 옷과 머리카락이 금세 축축해졌다. 기분 나쁘다기보다 오히려 시원했다. 간헐천 수증기 샤워, 이 얼마나 멋진 추억인가. 주변의 돌들은 전기방석처럼 따뜻했다. 관광객들 사이를 비집고 앉아 잠시 엉덩이를 지졌다. 최고의 야외 찜질방이다. 수증기는 더 높게, 더 거세게 치솟았다. 수증기가 올라오는 곳에 검은 진흙이 몽골몽골 끓어오르고 있었다. 머드풀(Mud pool)이다. 이것이 식으면 머드팩이다(실제로 피부미용 머드팩으로 사용함). 음식을 익혀 먹으려고 만든(항이 요리) 창고도 보였다. 자연을 이용한 생활의 지혜다. 끝없이 올라오는 간헐천을 뒤로하며 이런 생각을 했다.

'인간들아 죄를 짓지 말자. 이렇게 작아서 관광명소가 되었지 자연이 진짜 자신의 모습을 보여준다면 그건 바로 재앙일지니, 자연 앞에 겸손할지어다.'

자연과 가까운 생명일수록 겸손한 법이다. 자연 속에 있는 자신이 얼마나 작은 존재이며, 자연이 품어주고 있다는 것을 잘 알기 때문이다. 자연에 감사한 마음과 겸손한 걸음으로 간헐천을 조용히 빠져나왔다.

장어구이, 어딨지?

여행의 묘미는 먹거리다. 저녁 메뉴는 '장어구이'. 이곳은 생선보다 육류를 즐기는 편이어서 장어를 구하기 어렵고 워낙 비싼 요리이므로, 북가가 아침부터 노래하듯 했다.

"오늘 저녁 메뉴는 비싼~ 장어구이~♪인데 맛있게 드시고……."

버스에서 몇 번이나 들어온 터라 기대가 컸다.

장어구이 식당 앞에 도착했다. 이상했다. 식당의 외관이 분식점 같았다. 장어구이가 있을 만한 환경이나 수준(?)으로 보이지 않았다. 식사 후 2차로 들르는 허름한 목로주점(酒店)이랄까. 미닫이문을 열고 들어갔다. 실내는 작고 좁아서 4인용 테이블이 네다섯 개 정도였다(우리 일행이 앉으니 꽉 찼음). 나와 두 명은 일행과 떨어진 별도의 테이블에 앉았다.

'이런 곳에 장어구이가……?'

장어구이가 예약되어있다면 지금쯤 지글지글 구워진 장어 요리 냄새가 진동해야 하는데 테이블 위에는 밑반찬 하나 놓이지 않은 채 텅 비어있었다. 예감이 좋지 않았다. 잠시 후, 각자 앞으로 작은 도시락이 놓이기 시작했다. '장어구이'가 든 도시락이

다. 'oh my god!'

  도시락에는 야채무침 위에 날씬한 장어구이 여섯 조각이 얹혀져 있는 게 전부였다. 어이가 없어 헛웃음이 나왔다. 마주앉은 일행도 웃고 있었다. 식은 장어에선 비릿한 냄새까지 올라왔다. 여기에 북가가 한술 더 떴다. "맛있게 드십시오." 이것도 음식이니 감사하게 먹자며 젓가락을 갖다 댔지만 대부분 도시락을 고스란히 남기고 말없이 식당 문을 나섰다. 식당 앞에서 기다리던 북가가 한 술 떴다.

  "맛있게 드셨나요?"

  (저녁이 신통치 않은 탓에 일행들은 컵라면, 햇반 등 야식을 먹었음)

21번 게이트, 어디?

　오클랜드 국내선 공항에 도착했다. 발권을 하고 조금 걸어왔을 뿐인데 보딩게이트가 나왔다(공항 시설이나 구조가 좀 이상했음). 북가와는 인사 나눌 기회조차 없이 헤어지고 말았다. 아쉬웠다.
　보딩까지 아직 한 시간이 남았다. 공항이라고 했지만 기념품점이나 면세점이 전혀 없었다. 시설이나 규모를 볼 때, 시외버스 터미널과 비슷했다. 나란하게 놓인 좌석과 좁고 답답한 공간. 목이 말랐지만 물을 살 만한 곳도 없었다.
　'이럴 줄 알았으면 티켓팅을 좀 더 있다가 하는 건데…(일행 모두가 이렇게 생각했을 듯함)'
　이럴 경우를 대비해 책을 갖고 왔다. 한데, 책 두 권을 캐리어에 넣어 화물수송으로 보낸 것을 그제야 알았다. 후회와 실수의 반복이다. 부족한 잠을 자는 게 나을 것 같아 눈을 감았다. 기다렸다는 듯이 잠이 쏟아졌다. 고개를 좌우 앞뒤로 젖혀가며 잤다.
　"퀸스타운으로 가는 보딩게이트가 바뀐 것 같아요."
　눈을 떴다. 잠든 사이에도 누군가는 현황판을 계속 지켜보고 있었던 모양이다. 우리가 있는 게이트는 23번이었는데, 현황판에는 퀸스타운 000호, 21번 게이트라고 적혀있었다. 제길. 방송이라도 해줘야지(생각해보니 우리가 영어방송을 제대로 듣지 못했던 게 아닌가 함).

쥐약을 먹은 듯 졸고 있는 일행들을 깨웠다. 성격 급하고 흥분 잘하는 일행 한 명이 21번 게이트가 어디에 있느냐고 공항직원에게 물어보았다. 2층으로 올라가 좌회전을 해라는 듯했다. 가르쳐준 대로 2층으로 올라가 좌회전을 했다. 커다랗게 쓴 60번만 보일뿐, 21번 표지판은 보이지 않았다.

'어딨는 거야?'

오른쪽으로 17, 18, 19, 20번까지 잘 이어오다 21번만 보이지 않았다. 다들 미궁에 빠진 표정들이었다. 같은 비행기를 이용할 외국인들도 서로 묻고 있었다.

'여기가 맞겠지 뭐.'

알 수 없는 확신감으로 그냥 앉아 있었다(어쩔 도리가 없었음).

보딩이 시작되었다. 게이트에 가까이 다가가자 게이트 바로 위에 '21' 숫자가 커다랗게 쓰여있는 게 아닌가. 너무나 어이없었다. 대기실과 게이트 사이의 작은 벽이 그걸 가로막고 있었다.

말문이 막혔다. 1층에서 곧장 올라와 왼쪽을 보면 정말 눈에 띄지 않도록 되어 있었다. 우리와 같은 경우가 처음은 아닐 것 같았다. 잘 보이는 곳에 표지판 하나만 세워도 이런 황당함은 없었을 터인데. 그나저나 게이트가 바뀐 것을 그녀(일행 중 한 명임)는 어떻게 알았을까? 그녀는 중국 여행 갔을 때 게이트가 바뀐 것을 몰라 힘든 적이 있은 이후로 늘 현황판을 본다고 했다.

여행 중에는 긴장을 놓아서는 안 된다. 여행이 끝나는 순간까지는 긴장도 함께 여행하는 것이다. 끝난 게 끝난 것이 아님을 확인하고 또 확인하는 것이 여행이다.

퀸스타운에서

'젊음의 도시'라 불리는 퀸스타운에 도착했다. 바다처럼 보이는 와카티푸호수가 푸르고 맑은 얼굴로 우리를 맞았다. 건너편의 섬들도 가깝게 인사했다(사실은 멀다고 함. 가시거리가 좋아 멀어도 가깝게, 높아도 낮게 보인다고 함. 그만큼 공기가 깨끗하다는 뜻임). 'U'자형인 해변에는 적지 않은 관광객들이 거닐고 호수에는 서핑보트, 유람선, 제트보트들이 제각각의 속도로 붕붕 떠다녔다. 호숫가를 따라 걷고 있으니, 천국이 지금 이곳임을 부인할 수 없었다.

걷다 보니 어느새 와프공원에 와 있었다. 새들이 많았다. 새와 사람이 반반으로 녀석들은 먹을 것만 있으면 사람에게 다가왔다. 부리부리한 눈이 매서웠다(결코 순한 인상이 아니었음). 잔디밭에 앉아 지나는 이들을 구경했다. 의외로 혼자 다니는 이들이 많아 혼자라는 게 어색하지 않았다. 옷차림도 사계절 의상이 다 있었고, 피부색이나 인종도 천차만별이다. 잔디 위에 누워있는 이도 있었다(스시가무시병 따위를 염려하지 않아도 되었음). 피곤한데 마침 잘되었다 싶어 크로스 가방을 베개로 하고 누웠다. 다리를 쭉 뻗고 모자로 얼굴을 가렸다. 온 세상이 내 안에 들어온 듯했다. 바람 소리, 새소리, 지나가는 사람들 소리가 땅으로 흡수되었다 자장가처럼 올라왔다. 행복이 멀리 있지 않았다. 얼굴을 덮고 있는 모자 사이로 바람에 날리는 나뭇잎이 보였다. 그림 속으로 들어온 것 같았다. 잔디를 뚫고 나오는 시원한 흙의 기운이 등을 타고 여정에 긴장했던 몸을 스르르 녹이고 있었다.

'이런 멋진 침대와 넓은 방이 또 있으랴!'

'뉴질랜드의 여행은 대자연과 함께 하는 여행'이라고 했던 남가의 말이 떠올랐다.

눈을 감고 소리에 집중해 있는데, 기타 소리가 들려왔다. 바로 가까이서 젊은이 두 명이 기타를 연주하고 있었다. 그들 앞에는 맥주 두 병이 놓여 있었다. 누구의 시선도 의식하지 않는 당당함과 여유가 느껴졌다. 어느새 잔디밭 위에는 작은 무대가 만들어지고 그들의 연주를 한참 동안 누워서 감상했다.

호수에서 불어오는 바람이 차갑게 와닿았다. 시간은 어느덧 저녁 시간을 향해 가고 있었다. 와프공원의 넓은 침대를 접고 일어났다. 호숫가로 무르익어가는 저녁노을과 연인들의 모습이 눈에 들어왔다. 모든 게 부러워지는 시각이다.

명품 여행(?) 'Time to say good bay'

버스는 대자연이 만든 병풍을 끼고 달렸다. 밀포드사운드로 가는 길이다. 약 1300년 전에 만들어졌다는 피요르드 협곡, 그 위대한 모습이 시작되고 있었다. 남가(남섬 가이드)가 말한 '명품 여행'이다. 이 얼마나 멋진 표현인가. 자연 그 자체를 만나는 여행이니 오리지널 명품이 아니고 뭐겠는가. 관광하는 사람까지 명품이 되는 것 같았다.

뉴질랜드에 가면 꼭 가봐야 한다는 94번 국도로 접어들었다.
만화가 허영만 씨가 쓴 〈캠퍼밴 뉴질랜드 여행기〉에서 추천한 곳이 바로 이 94번 국도다. 국도에는 자동차 광고와 영화 〈호빗〉, 〈다크호스〉, 〈반지의 제왕〉의 배경이 되었던 'Eglinton', 거울 호수, 놉스 플랫(Knobs Flat), 건 호수(Lake Gunn), 리틀 플랫(Luttle Flat), 호머터널, Tutoko River 등 볼거리가 많다. 하지만 밀포드사운드에 예약된 배를 타기 위해 중간의 명소들은 생략하고 호머터널로 곧장 갔다.
터널로 진입. 수작업으로 18년 동안 만들었다는 터널은 울퉁불퉁했고 좁았다. 전기도 없어 마치 동굴을 지나는 기분이었다.

기계가 아닌 사람의 손으로 긴 기간 동안 고통과 고난을 견뎠다는 것이 가슴 뭉클하게 다가왔다.

터널 끝에 도착하자 강한 빛이 눈을 찌푸리게 했다. 그때였다. 몸이 둥실 떠오르더니 웅장한 음악소리가 들려왔다. 아찔한 기운에 눈이 번쩍 뜨였다. 이게 도대체 뭐란 말인가. 구름 사이로 우뚝 솟은 산꼭대기, 산등성이를 따라 흐르는 실폭포, 흰구름과 초록빛 산의 조화, 푸른 하늘에 동동 매달린 뭉게구름, 이 모든 것을 하나도 거스르지 않고 담고 있는 맑은 햇살이 눈에 들어왔다.

그리고 거기에 Andrea Bocell, Sarah Brightman의 'Time to say good bay'가 흘러나오고 있었다. 음악과 함께 펼쳐지는 피요르드의 절경. 소름 돋게 만들었다. 여기저기서 감탄사가 나왔다. 버스 차창으로 긴 음표가 휘파람처럼 빠져나갔다. 모두 자동인형처럼 일어나 버스 양쪽을 오가며 카메라 셔터를 눌렀다.

피요르드와 'Time to say good bay', 이 경이로운 조화를 어찌하면 좋단 말인가! 잊을 수 없는 절정의 순간. 명품 중 명품이었다(여행에서 가장 기억에 남는 장면임).

잊을 수 없는 '마운트 쿡 트레킹'

마운트 쿡에 도착했다.

Hooker Valley. 트레킹을 시작했다. 이번 여행을 온 이유가 트레킹 때문이라는 일행도 몇 명 있었다. '왜?'라는 의문이 일었지만 트레킹을 해보니 이해가 되었다.

트레킹 코스는 평지를 걷는 것이라 부담이 없었다. 걷는 것은 자신 있으니까. 문제는 뜨거운 햇살이다. 기온이 30도가 넘었다. 저 멀리 보이는 설산이 실감나지 않았다. 설산은 오랜 세월 눈이 녹았다 얼었다를 반복하며 두꺼운 층을 만들어간 것이기 때문에 평지의 온도에 쉽게 영향을 받지 않는다고 한다. 주위를 빙 둘러싼 설산은 판타지 영상에 나올 법했다.

길을 따라 걸었다. 그늘진 곳 하나 없는 평원이 이어졌다. 갖고 간 머플러를 머리에 둘러 그늘을 만들었다. 신선한 공기, 파란 하늘, 희고 맑은 구름, 녹은 빙하가 흐르는 강, 그리고 설산. 표현이 불가능했다. 걸으면서 틈틈이 사진으로 남겼다.

흔들다리가 있었다. 바람이 불어 심하게 흔들렸지만 놀이기구를 탄 것 같았다. 꿈속에 와 있는 듯한 기분. 이런 대자연과 대면

할 시간을 준 것에 감사했다. 이렇게 행복해도 되는지, 두렵기까지 했다. 한 시간 반을 걸어가자 목적지인 빙하 호수에 도착했다.
"Fantastic!"

맨발로 뛰어가 호수에 발을 담갔다. 얼음물처럼 차가웠다. 시원한 바람까지 선물하니 체온이 뚝 떨어지며 추웠다. 그때 '쿵!' 엄청난 굉음이 들려왔다. 산자락으로부터 떨어져 나온 얼음 조각이 호수에 떨어지는 소리였다.

몇십 년, 또는 몇백 년은 되었을 얼음 조각이 커다란 물결을 만들며 풍덩 가라앉았다 떠올랐다. 순식간 작고 투명한 섬 하나가 생겼다. 감동과 웅장함에 박수를 쳤다.

인간이 범접할 수 없는 자연의 수레바퀴를 겸허히 받아들이는 순간이었다. 시간이 잠시 멈춘 듯했다. 빙하를 거쳐 온 바람 때문에 체온은 점점 낮아지고 있었지만 열기는 뜨거워지고 있었다.

돌아오는 길은 나의 발자취를 확인하듯 한걸음 한걸음 소중히 내디뎠다. 설산 산허리마다 눈도장도 아끼지 않았다. 출발지점에 도착하니 세 시간 이십 분이 지나 있었다.

　햇살에 익고 먼지에 뒤덮이고 울퉁불퉁한 길에 시달렸지만 설산의 절경과 작은 초목, 빙산의 울음, 차가운 호수가 건넨 흥분과 느낌은 머릿속을 떠나지 않았다. 마운트 쿡 후크밸리 트레킹, 그곳에 나의 발자취가 아직 선명히 남아 있을 것이다. 역사의 한 점으로.

맥주를 찾아서

숙소에 도착했다. 겉보기에는 민박형 콘도처럼 소박하고 아담해 보였지만 실내는 넓고 깔끔했다. 은은한 갈색톤의 인테리어가 마음에 쏙 들었다. 남가가 개인적으로 가장 좋아하는 곳이라고 하더니, 그 기대치에서 벗어나지 않았다. 두 개의 커다란 침대 위를 번갈아 방방 뛰었다. '오늘, 이 멋진 방에서 어떻게 보내지?' 행복한 고민이 시작되었다.

저녁 식사 시간. 특별한 메뉴는 아니지만 들뜬 기분과 샹들리에가 켜진 고즈넉한 분위기에서 멋있게 식사를 했다. Pm 6시 30분. 일정이 끝났지만 해는 중천에 떠 있었다.

밀린 글을 쓰고자 블루투스 키보드와 수첩을 화장대에 올리고 왼쪽 창문으로 눈길을 돌리는 순간, 황홀하게 지고 있는 석양이 '오늘 저녁을 이대로 보낼 수는 없잖아'라고 말하고 있었다. 맥주가 생각이 났다.

'그래, 인생 뭐 별거 있어? 맥주나 사러 가자!'

자리를 털고 일어났다. 조르바[7]처럼 본능에 충실하고 유쾌한 시간을 갖는 게 최선책이다.

---

7) 니코스 카잔차키스(1883. 2. 18.~1957. 10. 26.) 작 《그리스인 조르바》의 주인공.

　호텔 주변을 돌았다. 마트가 보이지 않았다. 두 번을 돌았지만 실패하고 말았다. 내 안의 조르바 역시 지친 듯 맥주 생각을 접고 숙소로 향하는데 일행을 만났다. 그들도 주류를 찾는 중이라고 했다. 주저할 것 없이 따라갔다. 얼마간 걸어가니 커다란 마트가 보였다. 역시, 조르바는 내 속에서 꿈틀거리며 승리의 미소를 보내고 있었다.

　맥주 코너로 갔다. 'ELEPHANT' 큰 캔, 작은 캔 하나씩 샀다. 딸과 아들에게 줄 젤리와 과자도 몇 봉지 샀다. 돌아오는 길은 늦여름 저녁 바람이 시원하게 머리를 날렸다.

　테이블 위에 맥주와 과자를 펼쳤다. 내가 나를 초대하는 소중한 시간이다. 여행을 떠나온 것에 고맙고 이렇게 멋진 방에서 아름다운 저녁을 맞고 있다는 것이 고마웠다. 킹사이즈의 침대, 부드러운 조명등이 비치는 거울, 석양이 수 놓인 창, 편안한 흔들의자와 테이블, 스툴, 아이보리색 타일, 뽀얀 타월과 붉은 카펫. 주변의 모든 것들에 대해 감사하고 고마웠다. 캔을 따서 잔에 부었다.

'이렇게 행복해도 되는 걸까?'

저녁노을이 크라이스처치의 자그마한 마을을 황홀하게 덮고 있었다.

페더데일 야생 동물원
(Featherdale Wildlife Park)

　시드니에서 약 45분 정도 떨어진 페더데일 야생동물원이다. 동물원 입구는 나무판자에 적힌 작은 로고가 전부였다(가이드조차 입구를 찾느라 힘들었음).
　이곳은 뉴사우스웨일즈주에서 가장 큰 규모의 코알라 서식지 중 하나며, 호주인들이 사랑하는 동물원이지만 민간운영이기 때문에 곧 사라질 예정이라고 했다. 대기업의 독점식 산업의 잠식이 이곳도 예외는 아니었다.
　입구에서 가장 가까운 곳에 조류들이 있었다. 종류가 많았지만 아는 것은 앵무새뿐. 조류를 지나자 기막힌 광경이 나타났다. 여기저기 널브러져 있는 캥거루였다. '아파서 그런가.' 그게 아니었다. 지나가는 관광객들의 분주한 발걸음 사이에도 녀석들은 눈을 감고 몸을 최대한 뻗은 채로 자고 있었다. 그야말로 '캥거루 팔자'였다.

　여기서 '캥거루'라는 유래에 대해 짚고 가자.
　호주를 여행하던 어느 탐험가가 이상한 동물이 지나가는 것을 보게 되었다. 그놈은 노루의 얼굴을 하고 몸은 토끼 모습을 하고 있었다. 탐험가는 원주민에게 다가가 물었다. "이 동물 이름이 뭡니까?" 그러자 원주민이 "캥거루"라고 대답했다. '나도 모른다'는 뜻이다.

이후, 이 동물은 '캥거루'라고 불리게 되었다. 이런 썰렁한 유래의 이름을 가진 녀석들은 다가가도 꼼짝하지 않은 채 눈을 감고 죽은 듯 누워있었다. 한 대씩 툭 치고 싶었다.

캥거루와 함께 호주를 대표하는 녀석이 코알라다. 나무에 딱 매달린 녀석은 캐릭터 인형이나 사진에서 본 것과 똑같았다. 신기해서 가까이 갔지만 하루 20시간을 잔다는 녀석은 꼼짝하지 않았다.

코알라는 잠을 방해받거나 관광객들의 시선이 집중되면 스트레스를 받는다고 한다. 아니나 다를까 이상한 소리가 들려왔다. 코알라가 외치는 소리였다. 그곳은 코알라와 기념사진을 찍기 위해 유일하게 개방해 놓은 곳이었다. 소리를 지른 녀석은 수많은 관광객들에게 시달렸는지 짜증을 내고 있었다(코알라는 허리 위쪽만 만져야 하며, 엉덩이 쪽을 만지면 매우 싫어하고 스트레스를 받는다고 함).

스트레스가 끝까지 올라간 듯 녀석을 조련사가 조심조심 타이르고 있었다. 얼마나 힘들면……. 사진 찍을 순서가 왔지만 사양했다. 말 못 하는 짐승이라고 이렇게까지 욕심을 내야 할까.

미로처럼 연결된 우리 안에는 여러 종류의 동물들이 있었다. 악어, 공작새, 양, 왈라비(캥거루과에 속하며 크기가 작은 캥거루라고 생각하면 됨), 뱀, 펭귄. 작은 돼지처럼 보이는 웜뱃(wombat) 등. 웜뱃은 덩치에 비해 다리와 꼬리가 짧아 외모만 봐도 우스웠다. 녀석은 화가 난 듯 씩씩거리며 같은 곳을 계속 왔다 갔다 했다. 또 다른 녀석은 관처럼 생긴 우리 속에서 코를 박고 자고 있었다. 귀여웠다.

그 외 크로커다일 전시관, 카페, 기념품 숍, 시원한 나무 그늘 휴게실과 장애인이나 아기를 위한 편의시설도 갖추고 있었다. 주민단체로, 이익을 주민과 나누는 이곳이 문을 닫는다고 하니 안타까웠다.

작은 것의 소중함을 놓치고 글로벌만 키워가는 현실. 캥거루처럼 넋 놓고 쭉 뻗을 수 있는 정책은 없는지.

하버브리지(Harbour Bridge) 야간투어

다소 지쳐가는 저녁이다. 빡빡한 일정, 호텔로 돌아가 쉬었으면 했지만 오페라하우스의 야경을 놓친다는 것은 이 여행의 하이라이트를 반납하는 것과 다름없었다.

야경 속의 오페라하우스는 지친 우리에게 활력소를 불어넣듯 맞아주었다. 남녀노소를 불문한 인파들이 시드니의 밤을 즐기고 있었다. 카페마다 열기로 가득했고 음료와 주류를 든 그들은 낯선 이방인에게 손을 흔들어 주었다. 안녕? 반가워! 하버브리지가 가장 잘 나오는 곳에서 한동안 머물렀다. 역시 멋지구나! 호가(호주 가이드)는 양 떼를 몰 듯 우리를 하버브리지 다리로 몰아갔다.

하버브리지는 세계 네 번째로 긴 아치교로, 8년의 공사 기간 끝에 1932년에 개통했다. 134m의 높이와 503m의 길이를 자랑하며 다운타운과 시드니의 북쪽을 연결하고 있다. 8차선의 차도와 다리 서쪽에 자전거 전용도로 및 지하철 선로가 있고 동쪽에는 보도가 있다. 하루에 약 20만 대의 차량이 통과하므로, 교통 혼잡 해소를 위해 오페라하우스 서쪽에 해저 터널을 1989년도에 완공했다.

503m 길이는 걸어도 걸어도 끝이 보이지 않았다. 그럴수록 한 걸음 한 걸음에 의미를 부여하는 귀중한 체험이 되었음은 말할 것도 없다. 호가가 일러준 뷰 포인터에서 내려다보았다(이곳에서 보는 시드니는 최고라고 알려졌음). 오페라 하우스가 한눈에 들어왔다. 세련되고 화려한 걸작품이다. 시드니 항구의 윤곽을 고스란히 드러내고 있는 불빛, 크고 작은 크루즈가 보내는 빛의 흔들림은 너무나 잘 어울렸다.

　도로 양쪽의 인도에는 중앙을 향해 휘어진 높고 단단한 철망이 세워져 있었다. 혹 누군가가 아래로 뛰어내리거나 차도로 뛰어들지 못하게끔 해 놓은 것 같았다(자살방지용?). 시간이 흐르자 시야에는 온통 가로등 불빛과 회색빛 인도, 조명에 비친 노란색 타워만 보였다. 피곤기가 가득한 일행의 얼굴도 샛노랗게 떠 있었다. 잠 못 드는 시드니의 밤, 다리 끝은 멀찌감치에서 여행의 깊고 쓴맛을 건네고 있었다.

tour in 오페라 하우스

호주의 상징하면, 오페라 하우스다. 드디어 오페라 하우스의 실내를 관광하게 되었다.

시드니 오페라 하우스(Sydney Opera House)는 1957년 국제 공모전에 당선된 덴마크의 건축가 요른 웃손(Jørn Utzon)에 의해 설계되었다. 당시 공모전 작품이 많았지만 역동적이고 창의적인 발상으로 단연 돋보였다. 하지만 건축하는 데 있어 여러 가지 문제가 있어 17년 동안 작업이 중단하는 등 논란이 많았다. 그럼에도 1973년 영국 여왕 엘리자베스 2세의 지원으로 준공을 할 수 있었다.

오페라 하우스는 건축 형태와 구조적 설계 등 모든 면에서 뛰어난 창의력과 혁신적인 방법을 결합시킨 근대식 건축물이다. 돌출된 반도를 배경으로 세워져 있어 바다에서 들어오는 선박에서 보이는 세 개의 하얀 조가비 모양은 눈에 띄게 아름답다. 이 조가비 구조는 이후의 건축 방면에 커다란 영향을 미쳤을 뿐 아니라 호주의 상징이 되었다.

오페라 하우스의 실내에는 두 개의 주 공연장과 레스토랑, 녹음실, 음악당, 전시장, 시드니 심포니 오케스트라 및 오스트레일리아 국립오페라단과 무용단 및 여러 연극단의 본거지이며, 도서관 시설도 갖추고 있다. 1976년부터 피아니스트 리처드 보닝게(Richard Bonynge)와 그의 아내 조안 서덜랜드(Joan Sutherland)[8]가 이곳을 운영해 가고 있으며, 2007년에 유네스코 선정 세계문화유산으로 지정되었다.

오페라 하우스 실내 바닥이나 벽, 의자는 모두 분리 해체, 조립이 가능하다. 단체나 개인이 빌려서 사용할 수 있도록 프라모델처럼 짜 맞춰졌거나 요철로 맞물려 있어 시설 하자나 보수공사가 있을 시에는 그 부분만 떼어내면 된다. 어떻게 이런 설계를 했을까. 놀라웠다. 오페라 하우스가 왜 세계적인 건축물이며 호주의 상징이 되었는지 가이드의 설명을 들을수록, 실제 눈으로 볼수록 그에 대한 이유와 답변은 충분하고도 남았다.

역시, 그랬다.

---

[8] 조안 서덜랜드(Joan Sutherland 1926.11.7.~ 2010.10.10.) 오스트레일리아 출신의 세계적인 소프라노 가수. 세계 3대 테너인 루치아노 파바로티로부터 "금세기 최고의 목소리를 가진 소프라노"라는 찬사를 받았다.

船上 tour

시드니 항구의 선착장에 도착했다. 탑승할 'SYDNEY SHOW BOATS'가 보였다. 생각보다 컸다.

저녁으론 너무 이른 시각이지만 장시간 비행을 위해 간단히 끝내고 갑판으로 올라갔다. 시드니와 이별연습을 조금이라도 길게 하고 싶었다.

갑판으로 올라가니 이미 많은 것이 지나간 뒤였다. 남은 시간이라도 시드니의 모습을 새기려 선상 이곳저곳을 돌아다녔다. 저 멀리 오페라하우스와 하버브리지가 보였다. 가슴이 먹먹했다.

배가 하버브리지 바로 아래를 통과했다. 바다를 끼고 있는 크고 작은 빌딩들이 늘씬한 여신 같았다. 예쁘고 날렵한 보트들이 하얀 물결을 새기고 있었다. '안녕, 또 와요.' 하는 메시지 같았다.

아쉬움 속에서 배에서 내렸다. 늘 그렇지만 언제 또 이곳을 찾을 수 있을 것인가. 다시 한번 돌아보았다. 훗날, 지금 이곳, 이 자리에 누군가는 서 있겠지.

그렇게 생각하니, 떠나는 이는 다음 사람을 위해, 그 자리 그 곳에 그리움 한 조각 남기고 떠나고, 다음 사람은 그 그리움 조각을 찾고 또 다른 조각을 남긴다. 그렇게 조각을 찾고 조각을 남기는 것이 여행의 묘미인 것 같다. 나는 지금 누군가가 남기고 간 조각을 찾고 있는 것이다.

여행의 마지막인 시드니의 밤이 소중하게 지나고 있었다.

3
북유럽

노르웨이, 덴마크, 스웨덴, 핀란드,
에스토니아, 상뜨뻬쩨르부르그, 모스크바

수면실(?)

해외여행의 시작은 북유럽부터라고 누군가 말했다. 이유를 알 것 같았다. 성당을 끼고도는 유럽, 호수와 넓은 초록 들판의 뉴질랜드, 웅장한 크기와 절벽을 끼고도는 섬뜩한 중국을 모두 느껴 볼 수 있고. 한국적이면서 수많은 예술가들이 태어나고 그들의 작품이 디자인된 곳, 그곳이 북유럽이다.

환승을 위해 모스크바 공항에 내렸다. 사방이 유리로 둘러진 곳에 젊은이 몇 명이 누워있었다. 한쪽 귀퉁이로 볕이 들고 있어

패키지 여행, 싱글로 떠나자

다소 더울 듯한 실내임에도 배낭을 베개 삼아 깊은 잠에 빠져든 듯했다.

배낭여행을 하는 젊은이들에겐 더할 나위 없이 잠자기 좋은 곳이다. 자세히 보니, 드러누워 음악을 듣거나 태블릿을 하는 이도 있다.

모스크바는 구 소련의 수도다. '자유'라는 단어와는 거리가 멀게 보이는 나라로, 아직은 뭔가 불편하고 얽매여있을 듯한데, 공항 한편에 이런 시설이 있다는 게 아이러니했다. 가장 자유롭지 않을 것 같은 나라에서 가장 자유로운 모습을 보고 있다니, 여행이란 이런 것이다.

내가 갖고 있던 고정관념을 하나씩 부수고 깨는 것이다. '잠자는 휴게실', 정말 신선했다.

철학이 노니는 비겔란 조각공원

비겔란 조각공원에 도착했다. 예술작품처럼 펼쳐진 구름, 파아란 잔디가 인상적이다.

조각공원은 구스타프 비겔란(Gustav Vigeland)이 1924년에서 42년까지 작업한 193개의 조각품들로 이루어져 있다. 하루를 꼬박 관광하더라도 제대로 볼 수 없을 만큼 넓고 환상적이었다. 특히 남녀 한 쌍이 여러 가지 포즈로 애무를 하거나 하늘을 바라보는 조각상들은 연인들의 시선을 강렬하게 받고 있었다. 자신들의 사랑을 한 번 더 생각해보지 않았을까(사랑하는 연인들이 부러워지는 순간이었음).

공원 가운데에 건장한 남자들이 커다란 원반을 들어올리는 조각 분수가 있었다. 원반을 받쳐 든 탄탄한 근육은 살아있는 듯 꿈틀거렸다(근육을 보면서 감동적이고 아름답다는 생각이 들었음). 분수대 아래의 벽면에는 인간의 탄생에서 죽음까지, 희로애락을 조각해 놓았고. 바닥은 미로처럼 삶의 회귀를 오묘하게 상징하고 있었다. 구석구석 조각 작품들로 세심하게 전시해 놓았다.

비겔란 공원의 상징처럼 된 '모놀리텐' 앞에 섰다. 높이 17m로 세계에서 가장 큰 화강암 조각으로, 121명의 남녀가 마구 얽힌 모습이다. 선의 부드러움과 리얼한 자태가 놀랍도록 정교했다. 두 명의 석공이 14년 동안 작업했다고 한다. 그 외 여섯 명의 남녀가 띠처럼 얽힌 둥근 조각상, '인간의 굴레' 등 수많은 조각이 있었다. 모두 인간 세태를 묘사해 놓은 듯했다.

  비겔란 공원은 철학적인 뉘앙스를 다분히 풍기고 있었다. 가벼운 산책으로 시작해서 바람처럼, 구름처럼 돌다 어느 순간 뭔가에 깊이 빠져들게끔 했다. 개인적으로 가장 인상 깊은 공원이다. '꼭 다시 한번 가고 싶다.'

스타브교회

스타브교회를 찾아 롬으로 향했다. 버스에 올라 비에 젖은 빈스트라의 거리를 보며 그리그[9]의 피아노 연주를 들었다. '무빙카페(moving cafe 버스)'의 분위기를 맘껏 누렸다(Ann 가이드가 음악을 선정하여 들려줌).

'스타브교회'는 교회명이 아니라, 12세기경 바이킹들에 의해 만들어진 교회로 마을과 떨어진 곳에 세워진 목조교회를 일컫는다. 16세기 종교 개혁 이후에 루터파 교회로 사용되었으며, 지금도 예배를 드리는 곳이 있다. 스타브교회의 특징은 못을 사용하지 않고 순수하게 목재만으로 이어졌다는 점이다. 한때 수도원을 불태웠던 무시무시한 해적(바이킹)이 세운 교회라고 하니 궁금했다.

스타브교회를 찾아가는 길은 생각보다 멀었으며 좁은 산길을 헤매야 했다. 주차장에 들어서니 왼쪽으로 전원주택 마을이 있고 오른쪽으로 우리가 찾는 스타브교회가 있었다. 뾰족하다 못

---

9) 그리그(Edvard Hagerup Grieg 1843~1907) 노르웨이 베르겐 출신. 리스트와 절친. 1879년 라이프치히의 게반트하우스에서 피아노 연주자로서 또한 작곡자로서 발판을 닦음. 그의 부인이 소프라노 가수이므로 그의 가곡이 쉽게 보급됨. 〈그리그 피아노 협주곡1번〉, 〈솔베이지의 노래〉, 〈페르귄트 제 1모음곡. 아침〉 등 다수의 소나타가 있음.

해 날카로워 보이는 지붕. 목재가 뒤틀리는 것을 막기 위해 바른 타르 때문인지 검고 윤기가 번드르르한 겉모습은 동화 속 마녀의 성처럼 보였다.

  교회라고 생각하기에는 무리수였다. 좀 더 가까이 갔다. 입장료 7유로. 잠깐 둘러보는데 7유로를 받다니. 예상치 않은 터라 기분이 좋진 않았다. 들어갈 생각이 없는지 담처럼 둘러진 곳에서 멀거니 쳐다보기만 했다. 결국 7유로를 내고 들어간 사람은 나 혼자뿐이었다.

교회 내부는 어두웠다. 조명시설이 열악했을 당시에는 이보다 더 어둡고 음침했을 것이다. 여느 교회처럼 제대가 있고 아치형 기둥과 복도로 둘러싼 바실리카 양식으로 소박했다. 입구 문틀에 바이킹의 토속신앙을 표현한 꼬인 문양과 괴수가 조각되어 있었다.

노르만(켈트족) 특유의 문양이다. 곳곳에서 유럽 땅에 정착하기 위해 최신 문화를 받아들이고자 했던 바이킹족들의 노력이 엿보였다. 교회 안에 오롯이 혼자 있으니 약간 으스스했지만 가볍지 않은 분위기가 안온하게 느껴지기도 했다.

밖을 나오니 일행들은 교회 주변을 거닐며 피요르드 지대에서 흘러내리는 개울과 스타브교회를 배경으로 사진을 찍고 있었다. 여행 전, 유럽 미술 관련 책에서 스타브교회에 대해 눈여겨본 게 많이 도움이 된 것 같다. 왜냐면, 여행에서는 아는 만큼 보이니까.

배우고 출발하자!

미아(迷兒)

이른 점심을 먹었다. 미팅 시간과 장소를 공고한 후 각자 식사가 마치는 대로 흩어졌다. FERRY를 탈 때까지 자유시간이다. 조금 전, 가이드와 함께 다니면서 눈여겨봐 둔 벤치로 갔다. 나를 비롯해 대부분 길을 잃을까 주변만 배회했다. 몇 분쯤 지나자 일행들은 모임 장소를 향해 가고, 나는 아직 시간이 남아있어 좀 더 구경하기로 했다. 가게에 들러 기념품이나 돌확에 핀 꽃들을 느긋하게 구경하며 사진을 찍었다.

시간이 거의 된 것 같아 모임 장소로 발길을 돌렸다. 아무도 보이지 않았다. 분명 제시간에 왔음에도 불구하고 아무도 없었다. 머리가 텅 비워지면서 불안감이 엄습했다. FERRY를 타고 갔나, 이러다 국제미아가 되는 건 아닐까, 다리가 꺾이고 가슴이 후들거리기 시작했다.

'아냐. 아직 FERRY는 안 탔을 거야. 내가 없는 것을 확인하고 찾고 있을지도 몰라. 빨리 선착장으로 가자.'

선착장이 있는 방향으로 무조건 뛰었다. 가슴은 쿵쾅거렸다. 코너를 돌아가니 버스에서 내렸던 장소가 나왔다. 역시 아무도 없었다. 눈물이 나왔다.

그때였다. 저 앞쪽에서 눈에 익은 실루엣이 걸어오고 있었다. 세 사람인데, 분명 일행이었다. 다시 한번 눈을 크게 뜨고 바라보았다. 일행이 맞았다. 나를 향해 걸어오는 그녀들은 아무 일 없는 듯 수다를 떨면서 나를 슬쩍 보고 지나쳤다. 난 너무나 반가운 목소리로 물었다. "저 FERRY를 언제 타나요?" "30분 뒤에 선착장에 모이래요. 그동안은 자유시간입니다." 휴-, 하나님, 감사합니다! 아무렇지 않게 다른 일행들이 있는 곳으로 느긋하게 걸어갔다.

미아, 탈출이다!

플롬산악열차 타러 가자!

새벽 4시 20분 기상, 5시 50분 미팅, 6시 아침 식사, 6시 30분 호텔 출발. 이렇게 서두르는 이유는 플롬산악열차를 타기 위해서다. 세계 최고의 걸작이라는 플롬산악열차.

아름다운 계곡마을 플롬과 뮈르달(Myrdal)을 잇는 산악열차(Flamsbaba)는 세계3대 피요르드에 속하는 송네피요르드로 가는 길목이기도 하다. 협곡과 6킬로미터에 이르는 20개의 터널과 9개의 정거장을 지나간다. 터널은 대부분 손으로 직접 만들어졌다. 매년 45만 명 이상의 관광객이 찾고 있어, 혼잡하지 않은 새벽 시간을 선택한 것이다(하지만 이미 많은 관광객들로 인산인해를 이루고 있었음).

7시 10분. 기차에 올랐다. 오른쪽 좌석에 앉았다. 작고 큰 피요르드가 양쪽으로 나타났다. 멋진 풍경이 나올 때마다 사람들의 엉덩이는 오른쪽과 왼쪽을 번갈아 오갔고 두 손은 사진 찍기에 바빴다.

산악열차가 다른 열차와 다른 점이 있다면 가파른 경사를 오르기 위해 다섯 개의 브레이크가 있다는 점이다(기계치라서 설명을 들어도 잘 모름). 아무튼 여러 이유로 유명한 관광지가 되었지만 다른 면에서 보면 자연훼손이다. 노르웨이가 지닌 지형적인 특징으로, 산맥을 낀 자연 질경이 자본주의의 손길로 점차 파괴되고 있다는 점이 왠지 씁쓸했다. 물론 그렇게 하지 않으면 이런 관광도 할 수 없지만 말이다.

열차는 노르웨이에서 가장 크다는 93m의 효스폭포 앞에 정차했다. 열차에서 내려 모두들 기념사진을 찍었다. 폭포 중간쯤에서 흰옷을 입은 천사(훌드라 Huldra. 목동들을 유혹해 양으로 만들어 폭포 속으로 사라진다는 전설 속 요정. 물론 관광객을 위한 퍼포먼스였음)가 나타나 손을 흔들었다(우리도 손을 흔들었음).

돌아갈 때는 일행과 떨어져 반대편 자리에 앉았다. 중국인이 많았다. 맞은편에 앉은 중년의 중국 여인은 계속해서 뭔가를 먹었다. 땅콩, 떡, 사탕. 그들끼리 먹을 것을 권하며 얘기하더니 투명인간이 되어 그들을 구경하는 내게 사탕을 권했다. 고맙다는 눈빛으로 받아 주머니에 넣었다. 차창 밖의 비슷한 풍경보다 그들이 더 흥미로웠다. 한데 중국 사람은 시끄럽다더니, 역시 열차를 들었다 놨다 했다. 덜컹덜컹!

두 시간 조금 더 지나서 출발점에 도착했다. 소감은 관광도 좋고 험난한 산악지대에 철로를 놓은 개척정신도 좋았지만 반면 자연을 덜 훼손했으면 하는 나의 이중성이다. 그리고 시끄러웠지만 지금의 중국으로 탄탄하게 만들어가는 그들의 잔정(?)이다. 차이니즈, 하오아!

그림 같은 도시 Bergen

　유네스코 세계문화유산으로 지정된 베르겐 어시장에 도착했다. 베르겐 어시장은 작고 아담했다. Ann(가이드)이 꼭 알아야 할 유명한 건물이나 명소, 포토존, 거리, 도시 구조 등을 설명했다. 곳곳이 그림엽서처럼 예뻤지만 한 바퀴 빙 도는데 불과 몇 분도 되지 않았다.
　자유시간이 되었다. 지금부터 한 시간은 베르겐인이 되는 것이다. 막상 고삐가 풀리자 어디부터 돌아봐야 하나, 고민되었다. 우선, 사람들이 많이 가는 방향으로 따라붙었다. 여행 책자에 나오는 유명한 '브뤼겐 거리'가 나왔다. 건물은 색깔과 창틀 모양이 다를 뿐 높이와 넓이, 디자인이 같았고 건물 사이도 띄우지 않고 따닥따닥 붙어있었다. 마치 한 건물처럼 보였다. 보기는 좋았지만 우려되는 점이 화재였다. 사실 화재도 여러 번 났지만 그때마다 같은 형태로 복구한다고 한다. 도시계획이나 건물 형태에 대한 그들만의 자부심이 대단해 보였다. 그런 곳에 발을 내딛고 있자니, 감흥도 색달랐다.

늘 그랬던 것처럼 유명하다는 곳에 막상 오면 실감이 없다. 오히려 약간의 실망감과 당혹감도 든다. 정말 거기인가? 겨우 이것밖에 안 되나? 싶기도 하다. 그냥 걸었다. 여기 와 있다는 실감이 확실하게 들 때까지.

건물은 대부분 4층이다. 이 층부터 주택이나 호텔, 숙박이며 일 층은 가게나 상점이다. 가게는 소박했고 돌출된 간판이나 거리까지 점령한 상품, 행인들에게 방해가 되거나 미관을 해치는 선전물도 없었다. 절제 있고 차분한 상가들로 죽 이어졌다.

어시장(재래시장) 쪽으로 갔다. 베르겐을 찾은 관광객들로 붐비고 있었다. 가판대는 다양했다. 과일, 채소, 음료수, 생과일주스, 대게와 새우, 홍합, 참치, 연어 통조림, 건어물 등. 간단한 요리를 먹을 수 있는 코너도 있었다. 한국의 지역축제와 분위기가 비슷했지만 매일 열린다는 게 달랐다.

시장을 두어 바퀴 돌았다. 'VERGEN'라고 적힌 티셔츠를 샀다. 검은색은 아들, 회색은 딸에게 줄 선물이다(베르겐의 어촌 풍경이 그려져 있음. 지금도 아들, 딸 잘 입고 있음). 티셔츠를 볼 때마다 베르겐 어시장이 떠오른다. 생각해보면 자유시간이 많았던 곳일수록 기억이 선명하다. 헤매고 부딪히며 돌아다닌 것이 제대로 새겨지는 모양이다. 자유시간을 좀 더 즐긴 후, 베르겐과 작별했다.

아름다운 베르겐이여, 안녕!

걸작품, 뵈링폭포

선택관광으로, 하당에르비다 고원관광을 했다(참으로 잘 선택했음).

고원지대로 접어드는 길은 협소했다. 도로라고 할 수 없을 만큼 나무가 우거져 있어, 이게 길인가 하는 의문이 들었다. 길을 잃었나. 가도 가도 아무것도 나오지 않을 것 같았지만 한참 올라가자 정상이 나왔다(이후로는 내리막길을 포함하여 거의 평지였음). 놀라운 것은 그곳에 호텔이 있다는 것이다. 붉은 건물은 요새처럼 보였다. 고딕 양식의 크고 화려한 건물 내부로 들어가니 겉모습과 달리 햇살로 따뜻하게 데워진 로비가 나왔다. 테이블마다 커피와 비스킷이 준비되어 있었다. 정상에서 생각지 못한 온화한 분위기에 약간 얼떨떨했다. 따끈한 커피와 바삭하게 구워진 과자에 신선한 공기까지. 온몸에 퍼져있던 피로가 싹 물러갔다. 한데, 이렇게 높은 곳에 뭐가 있길래 호텔, 휴게소가 있는 것일까? 의문이 들었다. 그 의문은 이내 밝혀졌다.

자유시간. Ann이 권하는 산책길로 여유롭게 발걸음을 뗐다. 조금 가자니 왼쪽으로 사람들의 시선이 몰리고 있었다. 반사적으로 그쪽으로 갔다. 그곳에 전혀 상상하지 못한 풍광이 펼쳐져 있었다. 하얗고 거대한 뱀이 산줄기를 따라 기어 올라가고 있었다(표현을 이렇게 밖에 할 수 없음). 사진으로 보았던, '뵈링폭포'였다. 소름이 쫙 돋으면서 나도 모르게 폰을 꺼내 셔트를 눌렀다.

만델라 꽃

뵈링폭포는 높이 182m. 낙하하는 최대 높이는 163m, 평균 너비는 23m. 상부에서 다단형으로 흐르다 하부에서는 직하형(直下形)으로 쏟아져 내리는데, 지금껏 보아왔던 그 어떤 폭포보다 주변 풍경과 멋들어지게 어울리고 있었다. 저렇게 만들어지기까지 몇 백, 아니 몇 천 년이 흘렀을 듯, 걸작 중에 걸작이었다. 사진 찍기를 멈출 수가 없었다. 일행이 부르는 소리가 들려왔지만 발길을 돌릴 수가 없었다.

끌려가다시피 해서 버스에 올랐다. 너무 짧은 시간. 뵈링폭포에 대한 감흥은 쉬 사라지지 않았다. 버스로 내려오는 길에도 생각은 폭포에 머물러 있었다. 차창으로 만델라 꽃(냉온지역에만 피는, 뉴질랜드의 상징꽃임)이 아쉬운 듯 인사를 건넸다.

하당에르비다 고원지대

이제부터는 계속 내리막길이다. 올 때와 다름없이 이따금 오가는 차들이 반가울 정도로 한갓진 곳이다. 한참 달리자 시야가 탁 트인 툰드라 지대가 나왔다. 인간의 손과 발이 닿지 않은 청정지가 우리를 반겼다. 세속의 찌든 때로 그들의 정원에 불청객으로 끼어든 기분이라고 할까. 건조한 나무와 메마른 풀, 거친 돌과 바위, 고여있는 얕은 물길, 땅에 붙은 작은 풀과 꽃, 이끼 낀 평원, 채색이 낮은 초록빛 초원 등 보이는 그대로가 원시림이었다. 가끔 한두 대 지나가는 차가 이곳이 인간세상으로부터 아득하다는 것을 말해줄 뿐이었다.

버스에서 내려 우툴두툴한 돌 위를 걸었다. 돌 틈 사이로 얼음 조각이 보였다. 눈이 제법 쌓인 곳도 있었다. 다들 강아지처럼 뛰어다녔다. 눈을 처음 경험하는 사람처럼 눈을 뭉치거나 눈을 배경으로 사진을 찍었다. 고지에서 만져 본 눈은 더욱 차갑고 투명했다. 한여름 여행에서 눈을 만져보다니! 여름옷에 눈 뭉치를 쥔 모습, 낯선 풍경이다. 이런 귀한 인연이 눈처럼 녹아내리는 게 아쉬웠다.

여행이라는 게 뭘까. 관념을 바꿔주는 시간? 하당에르비다 고원은 어설프게 자리했던 '고원지대'에 대한 기존의 생각을 허허롭게 날려주었다. 인간의 입김이 닿지 않는 청정 구름과 맑은 하늘. 빙하호수와 맞닿은 수평선은 한마디로 투명 수채화였다. 하당에르비다 고원 관광은 최고의 선택이었다. 내려가는 길에는 툰드라의 비가 축복처럼 내렸다.

첫 경험, D·F·D·S

덴마크행 유람선 DFDS SEAWAY에 올랐다. 처음 타보는 국제 유람선이다. 대학 졸업여행으로 제주도에 갈 때 카페리호 3등실에서 1박 한 게 유람선 체험의 전부다. 6407호, 객실에 들어서는 순간, 갈색 파스텔톤의 부드러운 공기가 다가왔다. 지칠 대로 지친 상태로 포근하게 맞은 작은 공간. 불을 끄니 암흑세상이다. 모든 게 아웃이다. '그래, 좀 쉬었다 하자!' 머리가 침대에 닿는 순간 눈이 감겼고 더 이상 기억이 없다.

얼마나 잤을까. 시계를 보니, 한 시간 반이 뒤로 가 있었다. 여행 온 이후, 가장 깊은 잠이다. 두 눈을 뜬 채 한참 누워있었다. 이 침묵과 안온함을 깨고 싶지 않았다. 하지만 저녁식사하라고 깨운다. 나의 사랑, 나의 뷔페는 도저히 포기할 수 없다. 여행의 즐거움이자 나의 비타민이니까.

레스토랑이 있는 8층으로 올라갔다. 크고 둥근 원형의 천장 아래에 빽빽이 놓인 테이블과 사람들, 가운데 'ㄷ'자 형 식대에는 엄청난 양의 다양한 음식과 디저트가 있고, 삼면의 유리 벽 아래에는 음료 코너와 조개무지처럼 쌓인 커피잔과 유리잔이 보였다.

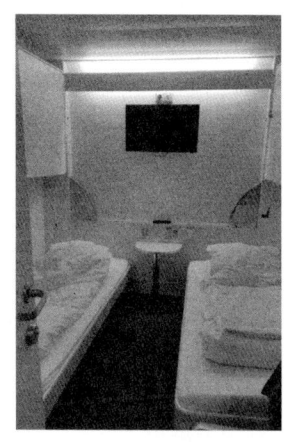

식사 전에 음료를 주문받았다. 인원 체크와 자리 확인 차원이다. 주스와 와인 중 하나를 선택하는 것이다. 당연히 와인이다. 여행 기분을 업시키는 데는 약간의 알코올기가 최고다. 와인이나 음료를 받은 뒤에는 자리에서 일어나도 된다(주문하고 나올 때까지 자리에 앉아있어야 함). 와인 한 모금 마신 뒤, 음식코너로 갔다. 처음 보는 메뉴들이다. 바다에서 나올법한 요리는 모두 진열해놓은 것 같다(음식 이름을 몰라서 적지 못함). 맥주와 와인은 코너 한쪽에 프리 셀프로 마련되어 있었다. 충분히 먹고(일행들은 와인과 맥주를 실컷 마셨음) 행복했고 배불렀다. 소화할 겸 11층 갑판으로 갔다. 검은 바다와 흰 파도, 몸을 휙 감싸듯 지나가는 바닷바람. 몽롱한 기분이다. D·F·D·S는 검은빛 스카게라크 해협을 유유히 가르며 아시아에서 온 한 여인을 덴마크로 모시고 있었다. 여인은 왕비가 된 듯 바다를 향해 두 팔을 벌렸다.

인어공주, 어디에?

덴마크를 상징하는 동상, '인어공주'에 도착했다. 그런데 어디에도 보이지 않았다. 어딨을까? 마치 숨바꼭질을 하는 것 같았다.

유럽에 가서 속았다고 느끼는 것 세 가지가 있다고 한다. 벨기에 브뤼셀의 오줌싸개 동상과 독일 라인강의 로렐라이 언덕, 마지막으로 이곳, 덴마크 코펜하겐 바닷가에 있는 인어공주다. 그 이유를 알 것 같았다. 어디서나 볼 수 있는 작고 초라한 조각상이다. 차라리 우리나라 남이섬에 있는 '인어공주상'이 더 낫다싶었다. 아무튼 이게, 왜?

인어공주상 주변으로 많은 관광객이 몰리는 바람에 제대로 볼 수 없었다. 인파를 헤집고 인어공주상을 배경으로 겨우 사진 한 장 남았지만 이것이 왜 유명한지는 알 수 없었다. 여기에는 많은 사연이 담겨 있었다.

인어공주상을 처음 의뢰한 사람은 맥주회사 칼스버그의 2대 사장인 카를 야콥센. 그는 1909년 왕립극장에서 공연된 〈인어공주〉 발레를 보고는 조각가 에드바르드 에릭센에게 조각상을 의뢰했다고 한다. 모델은 당대 최고 발레리나 '엘렌 프라이스'. 한데 얼굴 부분만 허용되었을 뿐, 몸은 조각가의 아내였던 '엘리

네엘릭센'이다. 카를 야콥센은 이 조각상을 코펜하겐시에 기증하여 1913년에 지금의 자리에 세워졌고 국보로 지정되었다고 한다. 인어공주상은 이후에 몇 번이나 머리와 팔이 떨어져 나가는 수모를 겪어야 했고 2003년에는 아예 파손이 되어 바다에 던져졌다고 한다. 그러다 다시 복구되어 현재의 모습이 되었는데, 규모나 외관보다 유래와 역경, 고난을 견딘 조각상으로 더 알려지게 되었다고 한다. 이 사실을 알고 나니 괜스레 안쓰러워 보였다. '역경을 견딘 여인이여, 힘내소서!'

Incredible! 연어회~

어둑어둑해서야 숙소에 도착했다. Pm9:00. 늦은 시각이라 저녁 메뉴는 한식 도시락으로 바뀌어 있었다. 변두리에 있을 법한 허름한 식당으로 들어갔다. 식당에는 우리 팀뿐. 조용해서 좋았다.

1인 1개의 도시락이 놓여졌다. 일회용 재질이 아닌 고급용 찬합 도시락이었다. 메뉴는 초밥, 오이, 미역무침, 달걀말이, 양념불고기, 매운탕 맛이 나는 국과 흰쌀밥이었다. 양이 부족한 듯했지만 먹을만했다. 그런데, 이게 전부가 아니었다. 주메뉴가 따로 있었다. 북유럽산 연어회였다. 한 테이블 당 한 접시. 'Incredible!' 윤기가 자르르 흐르는 통통한 주홍빛 연어회는 먹음직스러웠다. 침이 사정없이 솟구쳐 올랐다. 와사비가 듬뿍 들어간 간장에 찍어 한 입 넣었다. 두꺼운 살점이 이에 닿는 순간 부드럽게 잘리며 사르르 녹아버렸다. 연어 특유의 비릿함과 고소한 뒷맛이 입안에서 왈츠를 추었다. 젓가락이 바쁘게 왕복 달리기를 했다. 광속으로 한 점 두 점 접시에서 사라지고 이제 몇 점밖에 남지 않았다. 자연스레 상대의 젓가락에 시선이 갔고, 먹고 싶다는 일념이 강하게 몰아쳤다. 그런데 이때, 신의 축복인지, 연어회 한 접시가 우리 테이블에 올라왔다. 이게 웬 떡? 연어의 부활이었다.

우리 옆 테이블에는 시댁 어른과 함께 온 부부 팀이 앉았다. 열 명이 넘는 일행 모두가 회를 못 먹었다. 밥 위에 살짝 얹힌 연어초밥조차 그대로 남겼다. 이건, 분명 신이 주신 기회였다. 캐취!! 나와 룸메는 배에 힘을 주고 바지와 배의 공간을 넓혀가며 연어회 만찬을 즐겼다. 여행은 역시 서프라이즈다!

호텔에 도착. 연어로 그득한 배를 침대에 뉘었더니 식곤증이 아지랑이처럼 올라왔다. 내일 아침 연어처럼 매끈하고 반짝반짝해진 피부가 되어있길 소원하며 잠이 들었다.

취조실?

취조실? 갑자기 웬 취조실이냐고 하겠지만 이번 여행에는 취조실이 있었다. 그곳에 앉아 잠시만 얘기하다 보면 신분 노출, 여행을 하게 된 사연, 집안의 내력 등이 술술 새어 나왔다. 문제의 취조실은 버스의 제일 끝줄과 바로 앞줄이다.

의도적이지도 실제로 취조하는 것도 아님에도 누군가가 질문하면 신기하게 스스로 털어놓게끔 했다.

바꿔 말해 자백실이라고 할까.

누구나 여행을 떠날 때는 자신의 신분이 노출되는 걸 그다지 좋아하지 않는다. 가급적 그런 질문을 서로가 피하고 건네지 않는 편이다.

그러다 하루 이틀 식사를 같이 하면서 어울리다 보면 상대방에 대해 자연스레 묻고 답하게 된다. 물론 끝까지 자기 신분을 감추는 이도 있고 자신을 빨리 드러내는 이도 있다.

이번 여행은 취조실 덕분(?)에 좀 더 빨리 신분 노출이 된 경우다. 아줌마들의 수다로 시작해 하나씩 발려져 나오는 비밀 아닌 비밀들은 땅콩 까먹듯 고소하고 담백하다.

끊임없이 이어지는 웃음소리, 따라 웃다 보면 어느새 자신이 벌거숭이가 된 것을 확인하는 피해자들(?)의 표정 또한 재밌다. 지루한 장거리 이동 시간의 또 다른 이벤트다.

나는 취조실에 가지도 않았는데, 다른 이의 입에서 입으로 전달되어 어느새, 선생님이라고 불렸다.

어쩌겠는가, 이 또한 즐길 수밖에.

믿거나 말거나 <바사호 박물관>

스웨덴에서 가장 오래된 전함이 있는 바사호 박물관에 도착했다. 이 배는 1628년 첫 출항을 한 후 15분 만에 침몰되었으며, 이후 330년 만에 인양되어 이곳에 보관 중이다. 어두운 조명 속에 서서히 모습을 드러낸 바사호는 그간 힘들게 넘겼을 세월의 흔적을 적나라하게 보여주고 있었다. 처음에는 진짜 배가 맞는지 의심스러웠다.

7층 높이의 박물관 실내는 바사호를 다양한 각도에서 볼 수 있도록 해 놓았다. 원래 이 배는 전쟁터로 나가는 사람을 실어날랐는데, 침몰하던 날은 수많은 보석과 크리스털, 이주민까지 태웠다고 한다. 그 바람에 무게를 견디지 못한 배는 침몰했고, 배 안에 있던 목조품과 조각상, 선원들의 유골과 유품들은 그대로 보존된 채 참혹한 그때를 보여주고 있었다.

바사호는 당시 크기도 컸지만 화려함은 이루 말할 수 없었다고 한다. 퇴색되기 전 배의 뒷모습을 재현해놓았는데 색깔이 다양하고 무늬가 현란했다. 선채 주변에는 배를 축소한 모형과 인양작업 과정, 그 당시 의상과 식기 자제 등을 전시해 놓았다. 영상실에는 배를 만들게 된 이유부터 만드는 과정, 배가 출항하고 침몰하기까지의 전 과정을 보여주는 단편영화가 상영되고 있었다. 영상을 본 후 다시 바사호를 마주했다. 소름이 돋았다. 침몰 당시를 상상하는 수많은 관광객들에 쌓여있는 바사호, 왠지 더욱 우울하고 어두워 보였다.

시벨리우스 공원

시벨리우스 공원은 생각보다 작고 소박했다.

장 시벨리우스(Jean Sibelius)는 1865년 핀란드계 군의관이었던 아버지와 스웨덴계 어머니 사이에서 태어났다.

법학도였으나 음악에 몰두하게 되었으며, 노동계급의 권리를 위한 음악을 작곡했다. 그의 곡 〈노동자의 행진곡〉과 〈핀란디아〉는 핀란드를 대표하는 곡이 되었으며, 1917년 핀란드가 독립을 선포하고 20년 러시아로부터 독립하는 데 지대한 공헌을 했다.

그 공적을 인정받아 죽을 때까지 2천 마르크의 연금과 넓은 저택을 제공받았다고 한다.

나라에서는 그의 작품 활동에 방해되지 않도록 저택 인근에서는 경적을 울리지 못하도록, 비행기가 날지 못하도록 조치하였다.

그는 〈제7교향곡〉을 남기고 1957년 후두암으로 사망했는데, 시벨리우스 공원은 그의 사망 10주년에 만들어진 공원이다.

공원에는 24톤이나 되는 600개의 은빛 강철 파이프로 만든 조각과 근엄한 표정을 짓고 있는 시벨리우스 얼굴 부조상이 있었다.

거대한 파이프오르간을 떠올리게 하는 조각품은 〈핀란디아〉에 맞춰 푸른 하늘에 각각의 음색으로 웅장하게 퍼져나가는 듯했다. 관을 통해 올려다본 하늘도 또 하나의 예술작이었다.

조각 옆에는 시벨리우스가 좋아했던 초록의 공원이 있었다. 작은 호수와 호수 위로 늘어진 버드나무가 인상적이었다. 시벨리우스의 눈길이 닿은 걸까, 바람이 버드나무 가지를 흔들고 지나간다.

사망한 지 60년이 지났지만 시벨리우스 공원은 그를 찾는 이들에게 멋진 교향곡을 연주하는 듯했다.

아름다운 템펠리아우키오교회 그리고 미아

머리에서 나온 질문은 딱 두 가지.
'이렇게 아름다운 교회가 있을까?'
'이곳이 교회가 맞나?'

템펠리아우키오교회는 1969년에 세워졌다. 티모와 투오모 수오말라이넨 형제의 작품으로 내부의 벽면은 다듬어지지 않은 거친 돌의 느낌을 그대로 살렸으며, 지붕은 구리로 된 돔 모양이다. 거친 듯 부드럽고 인공적이면서 자연미를 살린, 웅장하고 멋진 건물이었다.

천장의 콘크리트 들보는 간격에 맞춰 바위와 연결되어 있고 투명한 유리로 들어오는 자연광을 규칙적으로 자르고 있었다. 연한 포도주색 의자 시트와 짙은 갈색의 장의자가 연회색 바닥과 세련된 조화를 이루고 왼쪽에는 커다란 파이프오르간이 걸려있고 오케스트라 공연을 위한 공간까지 갖추고 있었다.

시야 위로 오후의 햇살이 내려앉으니 고요함과 엄숙함이 햇살과 함께 퍼져갔다. 관광객들은 기도를 하거나 교회 실내를 둘러보았다.

그때, 파이프오르간 소리가 들려왔다. 음 하나하나가 파이프 오르간에서 튕겨져 나오며 햇살 사이로 떠다녔다. 소름 돋는 음의 연주자는 놀랍게도 한국인이다.

겉모양이 마치 천마총처럼 으스스하고 볼품없어 전혀 기대하지 않았는데 나를 몇 번씩 놀라게 했다. 나도 모르게 분위기에 압도되어 기도를 드렸다. 이렇게 아름다운 건물을 지어준 그들에게, 그리고 이곳을 보고 있는 지금에 대한 감사의 기도였다.

기도하고 묵상하는 동안, 어느새 나 혼자가 된 것을 직감했다. 서둘러 교회를 나왔다. 입구를 나오는 순간 방향감각을 잃고 말았다. 오른쪽인 것 같기도 하고 왼쪽 같기도 했다. 일단 오른쪽 방향으로 틀었지만 낯설었다. 올 때의 그 길이 아닌 것 같아 왔던 길을 되돌았다.

미아가 된 것이다. 이 일을 어쩐다! 그렇게 5~6분쯤 헤맸을까?

길 끝에 Ann의 모습이 보였다. 나를 향해 손을 흔들고 있었다. 이렇게 반가울 수가.

벌써 두 번째 미아 소동의 주인공이 되고 말았다. 관광시간을 오버했거나 딴짓을 한 것은 아니다. 변명 같지만 다른 일행들이 너무 서둘거나 시간 지키기 모범생들이기 때문이다(모이는 시간보다 이르게 모이고 출발함).
 아무튼, 민폐 아닌 민폐를 끼치게 되어 미안했다. 아무래도 난 패캐지보다 자유여행을 해야 할 것 같다. 시간의 자유, 공간의 자유, 미아의 자유(?)까지 보장된 자유여행, 말이다.
 템펠리아우키오교회의 자유로움처럼.
 하지만 과연 할 수 있을지.

첫 경험, 택시투어

 부슬부슬 비가 제법 내렸다. 여행 중 내리는 비는 절대 환영받을 수 없다. 관광, 이동, 걷기, 관람, 전망 등이 빗속에 묻혀 모든 걸 귀찮게 만든다. 여기에 버스까지 지각하는 사태가 벌어지고 말았으니.

 아침 식사를 마친 후, 내리는 비를 탓하며 로비로 내려왔다. 어제 본 팀들도 보였다. 그들도 어디론가 떠나는 모양이다. 버스가 도착하자 마치 청소기에 먼지가 빨려들듯 버스 속으로 사라졌다. 꽉 찬 버스는 떠나고 우리는 늦어지는 버스를 기다렸다.
 잠시 후, Ann이 허겁지겁 오더니 버스회사의 착오로 다른 일행을 태우고 버스는 이미 떠났다고 했다. 다시 말해, 좀 전 그 버

스에 우리가 탔어야 했던 것이다. 세상에! 눈뜬장님이 이런 경우였다.

다급하게 움직이는 Ann과 현지 가이드가 택시를 불렀다. 택시 한 대에 3~4명씩 올라탔다. 해외여행을 통틀어 현지 택시를 타 보긴 처음이다. 통통한 기사 옆에서 모처럼 다리를 쭉 뻗고 비 오는 상트페테르부르크의 아침을 감상했다. 택시는 약 50분을 달려 목적지인 여름궁전에 도착했다.

이날 Ann과 현지 가이드는 적자 대박의 날이었을 것이다(택시 아홉 대를 불렀음). 살다 보면 눈앞에서 코 베이면서 누군 적자, 누군 흑자로 세상은 두리뭉실 굴러가는 것 같다.

분수축제, 여름궁전

비에 젖은 가랑잎처럼 축 처진 일행들은 끌려가듯 여름궁전으로 향했다. 바지 밑단에서 축축한 기운이 올라왔다. 준비해 가지 않은 가을 잠바가 아쉬울 정도로 쌀쌀했다. 관광이고 뭐고 귀찮았다. 천근 같은 걸음을 내디디며 궁전을 향했다.

베르사유 궁전을 모방하여 만들어진 여름궁전은 1714년에 착공해서 9년이 지나서야 완공되었다고 한다(실제로는 150년이 지난 후에야 모든 공사가 끝났다고 함). 러시아와 유럽의 최고 건축가와 예술가들이 총동원된 궁전은 표트르 대제가 여름마다 묵었다는 곳이다.

20분쯤 걸어가니, 앞이 확 트이며 엄청난 인파가 보였다. 여름궁전 분수 대축제를 보기 위해 모인 인파로, 도대체 언제 이 많은 사람들이 모여들었는지 놀라웠다.

공원이 있는 계단 아래로 내려갔다. 잘 다듬어진 잔디밭과 산책로가 나 있고 조각상과 분수대가 보였다. 광장 가운데는 열쇠 모양으로 바다로 이어진 강이 있는데(약 1킬로미터), 중간중간 건널 수 있는 다리와 분수대가 있었다. 보기에도 어마어마한 정원에는 관광객들이 개미떼처럼 움직이고 있었다.

조각들은 대부분 금박으로 도금되어 번쩍번쩍했다. 초록의 잔디와 흰색 궁전, 금색의 조각상의 조화는 여름 이미지를 잘 드러내고 있었다. 거기에 용솟음치는 분수는 궁전의 하이라이트였다.

잠시 후, 러시아 국가가 흘러나오자 분수가 올라오기 시작했다. 분수는 순서가 정해진 듯 질서 있게 올라왔다. 모두 경건한 자세로 제자리에 섰다. 가운데 분수를 시작으로 저 끝의 분수까지 모두 올라가자 국가도 끝났다. 140여 개나 되는 분수가 커지자 그야말로 물의 축제였다. 비에 젖은 산책길은 분수에서 튄 물방울까지 합해져 물웅덩이를 이루었다. 이미 젖은 몸으로 더 이상 몸을 사릴 이유가 없어지자 우산도 접고 중앙분수대를 기준으로 좌우상하로 마구 돌아다녔다. 화려하고 섬세하면서도 웅장했던 빗속의 여름궁전. 여행이란 상상, 그 이상의 것에 젖어보는 멋진 이벤트 아닐까 싶다.

아르바트 거리

러시아 하면, 뭔가 딱딱하고 건조하고 낡았을 것 같은 구 소련의 이미지를 떠올린다. 그것이 얼마나 모르고 하는 소리였는지.

러시아의 젊음을 느낄 수 있다는 아르바트 거리로 갔다. 젊은 현지 가이드(남자)가 우리를 인솔했다.

아르바트 거리의 초입 오른쪽으로 '빅토르 최[10] 추모벽'이 있었다. 솔직히 빅토르 최가 누구인지 모른다. 가이드의 설명과 인터넷 검색을 통해 알게 되었는데, 러시아에 이런 멋진 한국인이 있었다는 것이 놀라웠다.

빅토르 최를 향한 진한 그리움과 존경이 벽 한쪽을 메우고 있었다. 프라하의 '존 레넌 벽'을 연상케 했다. 벽은 지구상에 존재하는 색이란 색은 모두 채색해 놓은 크고 작은 글자와 그림들로 가득 채워져 있었다.

영어, 불어, 러시아어 등 여러 나라어로 쓰여있어 무슨 내용인지 당연 몰랐다. 글자들은 겹쳐지고 지워지고, 낡고 바래어 지저

---

10) 빅토르 최(Victor Choi ,—崔. 1962.6.21.-1990.8.15.) 고려인 아버지와 우크라이나인 어머니 사이에서 태어남. 페레스트로이카 정책의 실행으로 소련 사회에 개혁 · 개방 분위기가 급격히 전개되자, 1982년 '키노(KINO)'라는 록그룹을 결성하여 서방의 록 음악을 소개하여 유행시켰던 고려인 가수. 소련 록 음악의 선구자로 알려짐.

분했지만 글자체마다 뭔가 모를 힘이 느껴졌다.

　글자 사이에 그려진 초상화는 패기가 넘쳤던 빅토르 최 같았다. 젊은 나이에 교통사고로 사라진 큰 별, 그에게 애도를 보냈다.

　중앙로로 다시 나왔다. 오른쪽에는 푸쉬킨이 잠깐 살았던 집이 있고, 왼쪽에는 푸쉬킨과 그의 부인 나탈리아 곤차로바(Natalya Goncharova)가 다정하게 손잡고 있는 동상이 있었다.

　푸쉬킨은 러시아의 국민시인이자 문학의 아버지다. 그가 이 젊음의 거리의 상징이 된 것은 그가 한때 정치적 성향의 풍자시를 창작했고, 지식인들이 일으킨 혁명운동에 정당성을 부여하는 시를 지었기 때문이다.

　행복하지 않았던 결혼 생활. 그를 죽음에 이르게 했던 부인. 퍼즐처럼 페어지는 푸쉬킨의 삶. '삶이 그대를 속일지라도 슬퍼하거나 노하지 말라'라고 했던가. 그만큼 속았다는 늘씬하고 화려한 부인의 동상에 비해 푸쉬킨은 작고 초라했다.

하지만 비극적인 삶 너머에서도 부인을 위해 시를 쓰고 목숨까지 바친 푸쉬킨이다. 아름다운 부인의 손을 영원히 잡은 채, 아르바트 거리를 찾는 젊은이에게 사랑을 어떻게 하면 쟁취하는지 가르치고 있었다.

좀 더 걸어갔다. 꽃 화분으로 만든 아치가 보였다. 이름을 알 수 없는 보라색과 짙은 핑크색의 아치. 느닷없는 나타난 장식과 화려함이 생뚱맞았지만 기분은 좋았다. 아치를 지나가자니 놀이공원에 놀러 온 아이가 된 기분이다.

거리 끝에는 기다란 꽃터널도 있었다. 천장에서 길게 늘어뜨린 꽃대롱이 손에 잡힐 듯했다.

폴짝폴짝. 아르바트 거리는 누구든 젊은이가 되었다 어린아이가 되는 러시아 속의 매직 로드(magic road)였다.

붉은 광장, 〈바실리 성당〉

 부활의 문을 통과하자 러시아의 상징인 '붉은 광장'이 나왔다. 붉은 광장의 뜻은 러시아어로 끄라스나야 광장으로, '붉다' 또는 '아름답다'다. 소련 공산시절 〈붉은 광장〉으로 불리게 되었다. 광장 넓이는 7만 3000m^2. 이곳에는 매년 메이데이나 혁명기념일에 퍼레이드가 열린다.
 비는 계속해서 우리의 관광을 막고 있지만 비 따위가 감히 방

해할 순 없었다.

저 멀리 예쁜 지붕이 보였다. 바실리 성당이다. 원래 이름은 바실리예프 성당. 1555년 타르산과 카잔의 승리를 기념하기 위해 이반대제(이반4세)가 승리의 중재자인 성모 마리아에게 바치기 위해 지어졌다. 이름은 러시아에서 추앙받은 바실리 수도사가 이곳에 묻히면서 그의 이름을 따 바실리 성당으로 불리게 되었다.

이 성당에는 유명한 일화가 있는데, 이반 4세가 바실리 성당의 아름다운 모습을 보자 다시는 이렇게 짓지 못하도록 수석 건축가와 인부들의 눈을 모두 뽑아버렸다는 것이다. 러시아를 통일해 최초의 황제가 된 그는 폭군이었지만 그의 결과물은 유명한 관광지가 되었다. 그러고 보면 세기의 폭군들은 하나같이 걸작의 건축물이나 기념관을 남겼다. 네로의 콜로세움, 진시황의 만리장성, 크메르루주[11]의 킬링필드, 나랏뚜[12]의 담마양지.

비는 계속해서 내렸다. 춥기도 하거니와 느긋하게 관광할 순 없었다. 바람까지 불어와 사진 찍기도 힘들었다. 디즈니 만화에 나올듯한 예쁜 바실리 성당, 그냥 스치듯 지나가야 하는 것이 못내 아쉬웠다. 관광에는 역시 날씨의 적극적인 내조가 있어야 한다.

---

11) 크메르루주 : 미얀마의 폴 포트가 이끈 좌파주의자. 잔인함과 무자비한 보복으로 캄보디아인을 학살함.

12) 나랏뚜 : 미얀마의 왕. 아버지와 어머니, 동생을 살해하고 왕위에 오른 후 참회의 뜻으로 담마양지를 지음. 건축과정에서 조금만 실수해도 인부의 팔을 잘랐다고 함.

굼 백화점

140년의 역사를 가진 굼백화점으로 향했다. 러시아어로 국영 백화점(Государственный универсальный магазин)의 머리글자를 따서 '굼'이라 불리게 되었다. 모스크바를 대표하는 백화점이자 러시아를 대표하는 건축물이다. 세계 명품 브랜드들로 가득한 러시아 최대 백화점으로 화려한 내부만으로도 볼거리다.

백화점은 입구부터 삼엄했다. 공항 검색대처럼 가방과 옷을 스캔했다. 최근에 일어나고 있는 테러 발생을 우려하는 듯했다. 일단 진입에 성공. 높은 천장과 궁궐 같은 인테리어가 눈에 들어왔다. 실내 전체가 초호화를 드러내고 있었다. 까르띠에, 막스마라, 샤넬, 랑콤, 가보르, 보스코, 핀코 등 전 세계 명품 브랜드들이 즐비했다(정면에 SAMSUNG도 있었음). 천장도 고개가 아플 만큼 젖혀야 하는 투명 유리 돔으로, 낮에는 실내등이 필요 없었다. 백화점인지 놀이공원인지, 실내인지, 실외인지 구분이 안 될 정도였다(이 날은 비가 오는 날씨라 실내등이 많이 켜져 있었음).

1, 2층 양쪽으로 몰(moll)이 있고, 가운데는 하늘다리가 5~6개 정도 있었다. 몰 입구는 똑같은 아치형이며, 몰 앞에는 예쁜

꽃으로 꾸민 벤치가 있어 누구든 쉴 수 있었다. 중앙에는 분수가 있고 군데군데 화분과 나무도 있어 친환경적이었다.

'굼백화점에 가면 반드시 아이스크림을 사 먹어라'는 말이 있어 2층으로 올라갔다. 오래된 건물임을 확인하듯 계단은 폭이 좁고 높았다(에스컬레이터나 엘리베이터가 안보였음. 못 찾았는지도 모름). 콘에 담긴 아이스크림은 백화점에서 유일하게 서민적이다.

맛도 대중적이고 가격이나 모양도 착하고 인간적이었다. 명품 가격이 워낙 비싸다 보니 속을 달래기 위해 아이스크림을 찾는 걸까(?). 넓고 화려했지만 어쩌면 궁(窮) 쇼핑이 될 수도 있는 곳. 굼 밖은 비바람이 여전히 불고 있었다.

내 캐리어는 어디에?

짐을 다 찾은 일행들이 나를 기다리고 있었다. 컨베이어 벨트가 몇 바퀴 돌고 있었지만 나의 캐리어가 보이지 않았다. 눈앞이 점점 노랗게 변해갔다. 캐리어 안에 있는 물건들이 순식간 머리를 스쳐갔다.

아이들을 위해 산 티셔츠, 선물(시계와 향수), 오르골, 나의 옷, 화장품, 신발 등. 울먹울먹 해진 얼굴로 수화물 담당 데스크로 갔다. 어느 남자분도 캐리어를 잃어버렸는지 분실신고를 하고 있었다. 동료애가 솟구쳤다.

수화물 담당자에게 사정을 설명하자 캐리어가 간혹 다른 곳(다른 나라)으로 갈 수 있다고 태연하게 말한다. 덧붙여 캐리어를 끝내 못 찾게 되면 그만큼의 배상을 해줄 거라는 최후통첩을 한다.

'세상에!'

날벼락이었다. 머리가 혼미해지며 몸이 떨려왔다. 주저앉아 울고 싶었지만 기다리는 일행을 위해 빠른 선택을 해야 했다. 일단 분실신고서류를 작성했다.

'어떻게 이런 일이'

짐을 잃어버렸다는 것이 실감나지 않았다. 심판만 기다리는 죄인 같았다. 그때 커다란 목소리가 들려왔다.
"선생님, 이거 선생님 가방 아니에요?"
"네?"
정신이 거의 나간 상태라 말이 입 밖으로 나오지 않았다. 소리 나는 쪽으로 고개를 돌렸다. Ann이 눈에 익은 캐리어를 끌고 이쪽으로 오고 있었다. 캐리어는 분명 내 것이었다. 어떻게 된 일인가. 분명 보이지 않았는데.
"선생님이 하두 안 나오시기에 들어와 보니, 컨베이어 벨트에 ***여행사 Tag이 달린 캐리어 하나가 계속 돌고 있어서 꺼내왔어요. 선생님꺼 맞으시죠?"
어이가 없었다. 캐리어를 찾은 것이야 더할 나위없이 감사할 일이지만 도대체 어떻게 된 일인가.

여행 가기 전, 캐리어에 흠집(상처)이 나지 않도록 예쁜 커버를 샀다. 알록달록한 무늬에 신축성 좋고 찍찍이 방식으로 뗐다 붙였다 할 수 있어 편했다. 문제는 제일 뒤에 끈으로 한 번 두르고 비밀 잠금을 하는 게 번거롭고 귀찮아서 그냥 둔 게 실수였다.
돌아온 캐리어에는 다른 커버가 씌워져 있었다. 군데군데 벗겨져 낡았고 손잡이에는 생뚱맞게 양산까지 매달려 있었다. 누군가가 새 커버를 벗겨내고 자신의 커버를 바꿔 씌운 것이다. 누가? 왜? 이해되지 않았지만 이를 기회로, 예쁜 커버를 씌운다면 끈으로 다시 한번 꼭 묶으라는 것을 당부하고 싶다. 아니면, 너무 눈에 띄거나 탐날 정도의 커버는 지양하는 게 무난하다.

커버는 말 그대로 언제 어디서든 든든하게 커버해줄 만한 것이 최고다.

4
서유럽

영국, 프랑스, 스위스(융프라우호),
이탈리아(밀라노, 피렌체, 베니스, 로마)
아랍에미레이트(두바이, 아부다비)

최악의 환승과 영국 도착

여행 시작. 이번은 짧은 일정에 많은 곳(나라)을 다녀야 하므로 빡빡하다(극기훈련 같았음). 하지만 힘듦과 동시에 남는 게 분명 있을 것이라는 일념으로 출발했다(정말 꿈같은 소리였음).

인천에서 아부다비까지 열 시간. 아부다비에서 다시 런던까지 여덟 시간이다.

런던에서 다시 파리까지는 유로스타로 세 시간, 거의 하루다. 미칠 지경이 되어서야 지상으로 내려오고, 다리가 아파질 때면 유로스타를 타고 파리에 도착이다(이후로는 여행 후에 적은 것임).

다른 일행도 지치기는 마찬가지였다. 여행 시작 전에 이미 넋이 나간 얼굴이다. 그러나 이것이 워밍업 정도로라는 것을 알지 못했으니(앞으로 닥쳐올 상황은 겪어보지 않으면 절대 알 수 없음). 최악의 환승으로 질릴 때까지 비행기를 타야 했다.

장장 18~19시간의 비행 중 먹고, 자고, 또 먹고 자고를 몇 번이나 옆 좌석으로부터 '우리 마치 사육당하는 것 같아'라는 소리까지 들려왔다.

두 다리가 긴 공간을 찾아 뻗어 보지만 연속 실패다. 제발 펴고 싶다(결국, 여행 끝나고 무릎 쪽 한방 치료를 받아야 했음)!

드디어 영국에 도착. 여기가 영국이구나!

시차 부적응과 부족한 잠을 새로운 땅, 영국은 이해해주지 않았다. 차창 밖으로 오래된 주택과 낮은 빌라들이 보인다. 대부분의 건물 1층은 상가, 2층부터 주거공간인 '하우스'다. 하나같이 지붕 위(옥상)에는 뭔가가 우뚝 솟아있다. 굴뚝이다.

온돌이 없는 대신 패치카를 설치해 집 안의 온기를 만든다. 굴뚝은 집 지을 당시에는 필요했지만, 현대식 난방시설에 밀려 더 이상 필요 없게 되었다.

그럼에도 지붕 위마다 전통과 맥을 잇는 굴뚝들이 여전히 자리하고 있다. 오래된 건물(물건)일수록 그 가치를 인정하는 영국의 고집일까.

〈잭과 콩나무〉처럼 파란 하늘을 덮고 있는 콩나무와 예쁜 집이 있는 동화 속 그림 같은 영국의 모습은 아니었다.

버스는 영국의 한갓진 도로를 피곤하게 달렸다.

드디어, 유로스타

영국과 프랑스를 잇는 유로스타(영어: Eurostar)를 만나러 갔다.

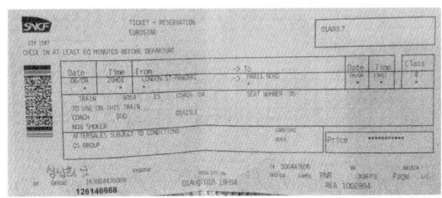

유로스타 티켓

유로스타는 1994년 11월 14일 유로 터널과 동시에 개통한 것으로, 런던 세인트 팬크러스(영어: St Pancras)역, 프랑스 파리의 북역(프랑스어: Gare du Nord), 벨기에 브뤼셀의 남역(네덜란드어: Bruxelles Midi)을 최고 속도 300km/h로 잇는 국제 고속철도다. 열차는 채널 터널(유로 터널)을 지나 도버 해협을 횡단하며, 프랑스와 벨기에 구간은 고속철도 노선을 이용한다.

인천국제공항을 떠올리게 하는 커다란 플랫폼에는 유로스타를 타려는 사람들로 붐볐다. 전광판에 파리행 기차 시간표가 올라오더니 티켓팅 할 시간쯤 엘리베이터를 타고 올라갔다(이 글만 봐도 시설 규모를 대충 짐작하리라 생각됨). 돔형의 길고 화려한 유리 천장과 그 아래로 기찻길이 양쪽으로 놓여있었다. 오른쪽의 최신형 기차가 영국과 프랑스를 잇는 유로스타다.

드디어 유로스타에 올랐다. 4번 칸 26번. 대부분 순 방향 좌석이지만 칸 양쪽 끝에는 가운데 테이블을 놓고 마주 보게끔 해 놓았다. 좌석이 많이 비어있어 마주 보는 좌석의 역방향에 앉았다. 두 눈과 머릿속이 한없이 피로를 호소했지만 여행이 주는 자유와 기대감은 넓은 창밖으로 보이는 석양처럼 물들고 있었다.

도버해협 해저터널을 지나갔지만 신기술 덕분인지, 탓인지, 체감이 없었다.

기차에 오른 지 세 시간이 지난, 저녁 11시를 훌쩍 넘긴 시각에 파리에 도착했다. 꿈처럼 생각했던 영국에 이어 프랑스까지, 하루 만에 왔다. 이게 현실인지 의심스럽지만 어둠 속의 파리는 칙칙하고 어두웠다.

만나기 힘든 〈베르사유 궁전〉

　베르사유 궁전 앞. 이런 줄이 또 있을까? 이게 뭐라고. 관광이고 뭐고 다 접고 싶었다.

　소녀 시절의 베르사유 궁전은 아름다운 공주에 화려한 무도회가 열리고, 멋진 왕자가 공주에게 청혼하고 둘은 축복을 받으며 결혼해서 훌륭한 왕과 왕비가 되는, 동화 속 무대였다. 〈베르사유 장미〉라는 만화책도 있었다. 삼각, 사각관계에서 분노하고 가슴 쫄깃거리며 밤을 새우던 추억 속의 베르사유 궁전이다.

　베르사유 궁전은 총면적 63,154㎡(약 2만 평). 36,000명의 인부와 6천 마리의 말이 동원되어 24년 동안 지어졌다. 2,300개의 방. 무려 578개의 거울로 꾸며놓은 거울방과 시전에 가까운 헤라클레스의 방, 비너스의 방, 아폴론의 방 등. 1,000개가 넘는 분수. 궁금증과 호기심을 확인하고자 하는 줄을 탓할 순 없었다.

　줄은 'ㄹ'자로 몇 겹이나 이어져 있었다. 족히 두 시간은 기다려야 했지만 4~5시간을 기다려야 하는 적도 있다고 하니 할 말이 없었다. 나무 한 그루, 그늘 한 자락 없는 광장에서 두 시간은 고문이나 다름없다. 다행히 고무호스로 만든 작은 분수대에서 옷을 적시며, 물이 흘러 작은 골을 이루는 곳에서 발장구도 쳤다.

베르사유 앞에서 물장구치기

 드디어 베르사유 궁전으로 입성(설마설마했지만 결국 두 시간을 넘겨서야 들어갈 수 있었음). 그 기다림과 인내는 5세에 왕이 되어 온갖 고뇌를 겪은 루이 14세와 별반 다르지 않은 심정이었다.
 궁전의 내부에는 상상 초월한 인파가 기다리고 있었다. 사람에 치이고 더위에 지치고, 혼잡함에 정신이 없어 도대체 뭘 보았는지 기억에 없다. 높은 천장과 벽화, 조각, 웅장한 실내, 사방으로 이어진 방들, 금색으로 도배된 화려한 기둥, 끝없는 회랑 등등. 뭔가를 보고 감탄하고 느껴야 했지만 내게 주어진 것은 눈앞에서 잠깐 보고, 잠깐 감탄하고 끌려다니다시피 돌아나 온 것이 전부다. 느낌이나 소감 따위를 나눌 기회조차 없이 일단 눈에 들어오는 것부터 접수하고 넘어갔다. 코스 요리를 맛과 향도 모른

채 허겁지겁 먹고 소화시키기에 바쁜 것과 같았다. 가장 기억에 남는 거울의 방을 비롯해 몇 군데 돌면서 생각했다. 태양왕으로 칭했던 루이 14세가 '왕권 강화'를 위해 지었지만, '소탐대실'의 긴 안목은 없었다는 것이다. 베르사유는 역시 현실보다 동화나 만화 속에 더 어울리는 것 같다.

배터리 없나요?

반나절도 안 되어 배터리 수치가 40%로 추락하고 있었다. 큰일이다! 가장 기대한 베르사유 궁전이 기다리고 있는데. 가슴이 벌렁거리기 시작했다. 어쩔 것인가. 이 먼 곳까지 와서 배터리 부족으로 사진을 못 찍는다는 것은 말도 안 되었다. 혹시 일행에게 있을지 모르니 부탁이나 해볼까, 용기가 나지 않았다. 그래도, 이대로 있기보다 한번 부탁해보는 게 덜 후회될 것 같았다.

"저기, 보조배터리 좀 빌릴 수 있을까요?"

세 분에게 물었다. 생각했던 대로, 본인이 쓸 것 밖에 없다는 대답이 나왔다. 그럼, 그렇겠지. 하지만 한 번만 더 해보자는 오기로 다정하게 손 잡고 다니는 부부에게 다가갔다. 사정을 말했더니, 남편분께서 얼른 보조배터리를 꺼내 내게 건넸다.

"이거 쓰세요."

"어머? 혹시 부족하지 않을까요?"

"괜찮습니다. 우린 보조배터리를 세 개나 갖고 왔으니 충분합니다."

역시, 궁하면 통한다고 했던가. 남편분은 보조배터리 세 개의 쓰임새(각자의 폰 충전, 부인의 고대기 충전용)까지 친절하게 말했다. 얼마나 기분이 좋았는지. 일단 빌리려고 끝까지 시도한 나 자신이 마음에 들었고 친절하게 대해준 부부에게 감사했다.

보조배터리로 충분히 배를 채운 폰은 베르사유는 물론 이후에 있던 에펠탑 전망대, 센강의 야경 일정까지 마음껏 사진을 찍으며 진가를 발휘했다. 부족하면 도움을 청해라, 세상엔 좋은 사람이 많다.

에펠탑에 오르다

아, 정말 에펠탑에 왔구나!!
누가 갖다 놓은 것인지 모르지만 우리 집 장식장 위에 작은 에펠탑 모형이 있다. 누구도 관심 없는 에펠탑은 원래 거기가 제자리였던 것처럼 오랫동안 자리하고 있었다. 지금 그것의 몇 만 배는 될 듯한 에펠탑이 눈앞에 서 있다.

'내가 그의 이름을 불러 주기 전에는 / 그는 다만 / 하나의 몸짓에 지나지 않았다. / 내가 그의 이름을 불러 주었을 때 / 그는 나에게로 와서 / 꽃이 되었다.'

여행이란 이런 것인가. 김춘수 님의 '꽃'처럼, 그저 아무것도 아니었던 작은 에펠탑이 이제야 내게 하나의 의미가 되어 나와 또 다른 관계를 맺는 것.
에펠탑은 그 끝을 드러내지 않은 위엄으로 다가왔다. 머릿속으로 그려졌던 연약함과 감미로울 것 같은 분위기는 온데간데 없고, 어마어마한 규모로 내리눌렀다. 어쩌면 에펠탑은 멀리서, 전체를 음미하는 게 나을 것 같기도 했다.

에펠탑은 1889년 프랑스혁명 100주년을 기념한 파리 만국 박람회 때 만들어졌다. 320m의 철탑으로 이 탑을 세운 건축가 에펠(Alexandre Gustave Eiffel)의 이름을 땄다. 처음 에펠탑의 설계 도면이 공개되자 파리 시민들은 디자인이 너무 현대적이어서 그 당시의 파리 풍경과는 전혀 어울리지 않는다며 반대했다. 작가 모파상까지 적극적으로 반대를 했다고 하는데, 위대한 결과의 이면에는 이런 엄청난 비난과 그에 반한 굿굿한 도전정신이 있다.

전망대에서 파리 시가지를 내려다보며

긴 기다림 끝에 엘리베이터를 탈 수 있었다. 1층과 2층으로 나눠져 있지만 2층 높이는 100층 건물의 높이다.

에펠탑 전망대에 도착. 파리의 모든 것이 보였다. 제일 먼저 눈에 띈 것은 센강이다. 화가를 비롯한 많은 예술가와 위대한 인물이나 역사의 배경이 된 강이다. 지금은 데이트를 하거나 연인들의 장소로 강 위에는 크고 작은 유람선이 활기차게 움직이고 있었다.

센강변의 가로수를 따라 오르세 미술관, 루브르 박물관, 노트르담 성당과 저 멀리 그랑팔레와 몽마르트르 언덕, 사크레쾨르 대성당(Sacre'-Coeur), 브랑리 박물관, 군사 박물관, 앵발리드, 사요궁(Palais de Chaillot)과 마천루, 라데팡스(La Defense)가 별천지처럼 아득해 보였다. 나는 '파리의 여인'이 되어가고 있었다.

황홀한 센강 유람

어둠이 찾아들자 센강을 향했다.

노을과 강, 바람을 느끼고 싶어 배 양쪽 좌석 중 제일 바깥쪽에 자리를 잡고 머리를 기댔다. 센강 바람이 나긋나긋 불어오자 부족한 잠과 지친 몸은 어느새 의자와 한 몸이 되어 눈이 스르르 감겼다. 하지만 여기는 프랑스, 센강, 거기에 에펠탑의 야경을 볼 절호의 기회다. 놓칠 수 없었다(일행 중에는 유람선에서 잠을 잤다는 분이 많았음). 졸린 눈을 치켜뜨며 마주오는 유람선을 향해 손 흔드는 여유까지 부렸다. 유람선이 서서히 움직이며 센강의 물결이 흔들리기 시작했다.

'아, 이런 시간이 내게도 주어지는구나!'

가슴이 벅찼다. 인생에 한 획을 긋는 순간, 졸린 잠 대신 멋진 풍경에 충분히 매혹되기를 기다렸다.

저녁놀이 내려앉는 센강변은 한마디로, 작품이었다. 붉은 가로등 아래를 거니는 연인들, 벤치에 앉아 얘기하는 사람들, 여가를 즐기는 사람들, 노상카페의 화려한 불빛, 파티가 열리고 있는 수상 카페의 짙은 조명과 강물에 일렁이는 네온빛. 계단에 앉아 지나가는 유람선을 향해 손 흔드는 사람. 생동감이 넘쳤다. 센강의 30여 개의 크고 작은 다리 중 가장 아름다운 다리 알렉산더 3세교 아래를 지나갔다. 다리 위에 있는 이들이 손을 흔들었다.

 가을바람처럼 불어오는 세느 바람(작가가 지음)에 가물가물해진 시야로 에펠탑이 조그맣게 보이기 시작했다. 파리의 주인공답게 화려했다. 호기심과 환희에 가득한 관광객들의 시선을 즐기는 것 같았다. 밤에 본 에펠탑은 무거운 철덩어리가 아닌 세련된 각선미와 부드럽게 이어지다 끊어지는 리듬의 걸작이었다. 파리 어디에 있어도 보이는, 도시를 지키는 레전드였다.
 각도에 따라 달라지는 에펠탑의 매력 발산. 만족감이 채워지지 않아 셔트를 계속 눌렀다. 에펠탑이 왜 에펠탑이라고 하는지 알 것 같았다. 파리의 젖줄이자 내 기억 속 몇 안 되는 추억의 단추라고 할까. 풀면 활짝 펼쳐지는 것.
 흥분이 가시지 않은 채 호텔에 도착했다. 어느새 밤 11시. 센강과 에펠탑은 단추를 풀고 나의 꿈에 다시 초대되었다.

루브르박물관의 미아

드디어 루브르박물관이다. 루브르의 상징인 유리 피라미드로 들어갔다. 어마어마한 사람들. 과연 루브르였다!

루브르는 1200년 국왕 필리프 오귀스트가 세운 왕궁으로 루이 14세 때 프랑스 왕의 주요 궁전으로 할 것을 결의했지만 실현되지는 못했다. 왕의 관심이 베르사유 궁전으로 치우쳤기 때문이다. 프랑스혁명으로 왕정이 붕괴되면서 국민의회의 결정으로 궁전에서 미술관으로 개장, 일반인에게 개방되기 시작했다.

유리 피라미드는 루브르가 완성된 당시의 구조물은 아니었다.

루브르에 어울리지 않는다고 거절당했다. 그런데, 피라미드는 영원을 상징이므로, 루브르는 영원할 것입니다'라고 홍보하자, 채택되었고 1989년에 완성, 지금은 아주 성공적으로 인정받고 있다. 루브르는 유럽 연합 국가 내의 학생이나 예술 전공인에게는 입장료를 받지 않는다. 영국처럼 예술을 사랑하고 문화의 가치를 전하려는 정책이 부러웠다. 멋진 문화나눔이란 생각이 들었다.

시간상 드농관만 둘러보기로 했다. 한국어 오디오 서비스가 지원되고 있었지만 단체관광이라 수신기로 현지 가이드의 설명을 들었다.

드농관은 크게 반지층과 1, 2층으로 나뉘어 있다. 반지층에는 11~15세기의 이탈리아, 스페인, 로마시대의 이집트와 고대 그리스 시대의 작품이 있고, 1층에는 고대 에트루리아, 로마, 6~19세기의 이탈리아 조각 작품이, 2층에는 〈모나리자〉를 비롯한 이탈리아 전시실과 프랑스 대형 회화 작품들이 전시되어 있다.

전시실 관람은 25인 미만으로 한정되어 있어 두 팀으로 나누었다. 5인 가족과 한 팀이 되었다. 현지 한국가이드(여자)가 리드하며 작품 설명을 했다. 관심 가는 그림이나 조각을 많이 지나쳤다. 가족팀의 어린아이들이 있어 난해한 작품은 배제한 듯했다. 설명까지 너무 차분해서 지루했다(그래도 이때까지 괜찮았음).

1, 2층 층계참에 사모트라케의 '승리의 여신(니케상 La Victoire de Samothrace)' 앞에 섰다. 머리와 두 팔이 없는 조각상은 금방이라도 날아갈 듯 날개를 펼치고 있었다. 에게해의 작은 섬인 사모트라케에서 발굴되었기 때문에 사모트라케 승리의 여신이라고 하는데 해전의 승리를 기념해 조각한 것이라고 한다. 니케상

에 대한 가이드의 설명이나 감상할 시간이 부족하여 아쉬웠다 (일행과는 여기서부터 거리가 생기기 시작했음).

사모트라케의 승리의 여신(니케상)

여러 전시실을 거치면서 나도 모르게 한눈을 팔게 되었다(너무 한정된 그림만 설명해줌). 그래도 적절하게 시간을 맞춰가며 동행했다. 그런데 잠깐 다른 그림에 심취해 있는 동안 일행을 놓치고 말았다. '어디 갔지?' 수신기에는 여전히 가이드 목소리가 들려오고 있었다. '도대체 어디서 말하고 있는 거지?' 주변을 돌아

보았지만 보이지 않았다. 시간이 흐를수록 미아가 되었다는 확신이 들었다. '어쩌지?' 왔던 곳을 다시 돌았지만 헷갈리기만 했다. 기억을 더듬어 걸어가니 니케상이 나왔다. 그제야 숨이 쉬어졌다. 나야말로 날개가 펼쳐지듯 나가는 길을 알 것 같았다. 걸음을 재촉했다. 마침 다른 한국팀이 보였다. 구원을 받은 듯 그들을 쫓아가니 서서히 출구가 보이기 시작했다. 하나님 감사합니다!

  영원히 못 볼 것 같은 햇살이 반가웠다. 일행들은 미아가 될뻔했던 나의 어깨에 날개가 달린 사정을 알리 없었다. 나를 인솔했던 가이드만 걱정의 눈빛을 보냈다. 부디, 루브르박물관에 가면 길(?) 조심하기를.

TGV(테제베)의 그 남자

스위스를 가려면 파리와 스위스 벨포트 구간을 달리는 TIR(Transport International Router) 국제도로수송고속철을 이용해야 한다. 말로만 듣던 테제베다.

역사는 넓고 깨끗했으며 플랫폼이 많아 처음 이용하는 이에겐 헷갈릴 것 같았다. 물론 영어나 불어에 능숙하다면 여행 중 어려운 일은 거의 없다. 물어보면 되니까.

스위스는 여기서 세 시간을 가야 한다. 시차 부적응으로 눈알이 아플 정도였지만 막상 눈을 감으면 정신은 오히려 말똥말똥해졌다. 한동안 멀거니 차창 밖만 바라보았다. 넓은 밀밭과 구름, 포플러 나무. 평화롭다고 생각하다 어느새 잠이 들었다. 그러다 깨어나면 갖고 온 책을 펼쳤다. 그리고 다시 잠이 들었다. 깊은 숙면은 아니지만 피로는 조금씩 날아가고 있었다.

책을 펼쳤다. 〈이것이 나의 다정입니다〉. 잘 알려지지 않은 작가지만 글이 간결한 반면 주제를 잘 잡고 있어 나름 후한 점수를 준 책으로, 잘 갖고 왔다는 생각이 들었다(하지만 이때뿐, 일정이 빡빡하고 책 펼 시간이 없었음). 독서를 하다 좋은 구절이 있으면 수첩에 기록한 후 생각에 잠겼다 하기를 반복했다. 행복감이 나른하게 물드는 시간이다. 그런 나를 지켜보는 사람이 있었으니, 바로 내 옆자리에 앉은 프랑스 남자다.

그는 첫인상이 예술가처럼 보였다. 키가 크고 마른 체형에 곱슬머리와 수염, 선한 눈빛을 지니고 있었다(그가 옆자리에 앉으면서 내게 인사를 건넸을 때 그의 눈빛을 보았음). 얼핏 보면 영화감독 같은 분위기를 풍겼다. 내가 책을 읽다 졸다 깨어나기를 반복하자 그는 노트북을 꺼내 뭔가를 검색하더니 글을 써나갔다. 칼럼을 쓰거나 중요한 서류를 작성하는 것 같았다. 자신이 하는 일에 매우 열정적인 프로의 냄새가 났다. 호기심이 일었다. 오랜만에 올라오는 이런 느낌이 싫지 않았다. 나름 이 낯선 호기심이 끝나지 않았으면 하는 바람마저 일었다. 하지만 행복은 오래가지 못했다. 식사시간이 되었기 때문이다.

기차에 오르기 전 도시락을 하나씩 받았다. 스위스 도착 시간이 늦어 기차 안에서 저녁을 해결하기로 한 것이다. 앞쪽에 앉은 일행이 식사하자며 불렀다.

'안 먹어도 되는데. 이대로가 좋은데……'

모두 나를 기다리고 있었다. 하는 수 없이 프랑스 남자에게 양해를 구하며 일어섰다(내가 창가에 앉았고 남자는 복도 쪽에 앉았음). 선한 그의 눈빛이 나를 향해 웃고 있었다. 어린아이를 바라보는 듯 한 미소였다(물론 나의 착각일 수도).

자리를 옮겨 일행과 함께 도시락을 먹었다. 콩밥과 닭강정, 달걀말이, 고추볶음, 도라지처럼 생긴 나물무침과 간이 잘 배인 콩자반이 담겨있었다. 입에 잘 맞아 싹싹 비워갔지만 먹는 내내 나 혼자만 배부르게 먹는 것 같아 미안했다. 마치 그를 내팽개치고 온 것 같았다(이쯤이면 나도 꽤 프랑스 남자를 괜찮게 생각한 듯함).

식사를 마쳤다. 하지만 제자리로 돌아갈 수 없었다. 이어지는 수다에 후식까지 있었다. 뒤통수가 당기도록 그가 의식되었지만 후식까지 해결했다. 결국 스위스에 거의 다 도착할 즈음에야 내 자리로 돌아갔고 우린 눈인사를 잠깐 나눌 수 있었다. 비운 시간만큼 아쉬웠다(물론 또 나의 착각일 수도). 그와 나의 인연은 딱 거기까지였던가(하나님이 무심했음).

내릴 때, 그가 내게 한마디 물었다.

"Are you here for business?"

그는 내게서 어떤 말을 듣고 싶어 했을까. 여행 내내 그의 질문을 맘껏 상상했다.

'I was here because of you······.'

융프라우호 산악열차

융프라우호로 올라가는 기차를 타기 위해서 새벽부터 서둘렀다. 4시/5시/6시(알람/식사/출발시간). 20분 후 indelwaid Grund 역에 도착했다. 산등성이로 새벽 운무가 내려앉고 있다. 이런 설렘을 주는 게 여행일까. 가슴에, 눈에 모두 담을 수 없는 게 아쉬웠다.

여름이지만 냉기가 감돌았다. 패딩을 준비하라는 말이 실감 났다. 휴게소에는 두툼하게 입은 한국인들로 가득하다. 어딜 가든 왜 이렇게 한국인이 많은지. 융프라우호를 향한 열기를 무섭게 뿜어내고 있었다.

이번 여행의 시그니처가 융프라우호 산악열차다. 그림 같은 풍경 속으로 곡선을 그리며 가는 산악열차. 자연의 걸작을 감상하며 미소 짓고 있는 나. 햇살 받으며 갖고 간 간식 먹으며, 가슴이 터질 듯 감사와 축복의 시간을 보내고 있는 나. 현실 속의 산악열차는 나의 이런 상상을 저버리지 않았다.

융프라우호는 인터라켄에서 남동쪽으로 18㎞ 떨어진 라우터브루넨 계곡에 우뚝 솟은 아름다운 산이다. 융프라우호로 올라가는 산악열차노선은 두 가지인데, 우리는 완만한 길로 올라가서 다른 길로 내려오는 것으로 했다. 드디어 출발.

　정상까지 기차가 몇 번 섰다. 그때마다 내리는 이, 올라타는 이가 있는 게 신기했다. 원주민이었다. 산악열차 주변에는 의외로 마을이 많았다. 하얀 벽돌과 빨간 지붕, 자연으로 개방된 창과 작은 화분들. 푸른 언덕과 멀리 보이는 설산. 이들의 조화는 정말이지 기가 막혔다(안타깝게도 이런 표현밖에 안 나옴).

　이 높은 곳으로 열차가 어떻게 올라가는 것일까? 기념 촬영을 위해 잠깐 멈춘 동안 열차 바퀴를 봤다. 해답은 열차 바퀴와 레일에 있었다. 자전거 체인처럼 꽉 맞물려 돌아가는 요철의 원리였다. 간단한 원리지만 열차에 응용한 기술 발전은 대단했다.

　점심용 도시락을 꺼냈다. 빵과 삶은 달걀, 과일, 음료수, 요플레다. 자연 절경을 보며 먹는 음식은 단순한 음식이 아닌 감동과 고마움, 행복을 채우는 에너지, 그 자체였다. 저희에게 감동케 할 절경을 주심에 감사드립니다!

융프라우호가 보이다!

융프라우호가 가장 잘 보이는 스핑크스 전망대에 도착. 바로 눈앞에 융프라우호가 있었다. 겨울 패딩으로 무장한 것이 천만다행이다. 비상으로 갖고 온 비니도 바람막이 역할을 단단히 해주었다.

건물 밖으로 나갔다(다른 일행은 대부분 춥다며 밖으로 나오지 않았음). 눈에 보이는 것은 설국, 그 자체였다. 바람이 불면서 눈가루가 날렸다. 이런 멋진 설경을 코앞에서 볼 수 있다니! 꿈만 같았다. 손끝이 얼얼해지게 추웠지만(꿈이 아니었음) 절경을 놓칠 순 없었다.

일행 몇 명이 사진을 찍고 곧바로 건물 안으로 들어가 버렸다. 혼자서 전망대를 돌았다. 360도, 방향을 바꿀 때마다 다른 절경이 나왔다. 입체적으로 만든 전시장에 초대된 기분이랄까. 한국인이 의외로 많았다. 외국인 관광객을 다 합해도 한국인이 더 많은 듯했다. 해외여행자 수가 그 나라의 문화 수준이나 선진국의 잣대라면 한국은 단연 문화 선진국 대열에 우뚝 설 것 같다.

꽁꽁꽁. 나의 손과 발도 한계점을 드러내고 있었다. 건물 안으로 들어갔다. 일행들이 신라면(컵라면)을 먹고 있었다. 가격이 무려 10달러(한화로 13,000원). 시중가보다 열 배 가까운 가격임에도 먹겠다는 일념으로(?) 후루룩 쩝쩝하고 있었다. 김이 모락모락 올라오는 컵라면을 권했다. 한 입 넣는 순간, '와- 이럴 수가!' 젓가락을 자제할 수 없어 권하는 대로 집었다. 갑작스러운 뜨끈함에 놀랬는지 정신이 아뜩해지며 온몸이 노글노글해져 왔다. 역시, 추위에는 컵라면이다.

융프라우호를 배경으로

약간의 휴식시간을 가진 뒤 전망대를 내려왔다. 올라갈 때보다 여유가 있어선지 풍경이 더 평화로워 보였다. 순방향 창가에 앉아 맘껏 사진을 찍었다. 융프라우호를 새긴 초콜릿을 기념으로 받았다. 먹기가 아까워서 기념으로 남겼다(나중에 딸에게 주었음).

평지에 가까워지자 마을이 보이기 시작했다. 만년설이 녹아 흐르는 계곡도 보였다. 초록과 어우러진 계곡(거의 강에 가까웠음) 옆으로 산책을 하고 있는 원주민들이 보였다. 부러웠다. '저런 마을에 한 번 살아봤으면……'.

　융프라우호를 올려다보았다. 짧은 일정에서 만난 융프라우호. 먼지 같은 눈발을 날리고 있었다. 안녕, 언젠가 다시 만나자!

밀라노 두오모의 까마귀

밀라노 성당은 고딕 양식의 가톨릭 성당 중 세계에서 가장 큰 성당이다. 1387년부터 약 500년이 걸쳐서 공사가 진행되었으며, 뾰족뾰족한 첨탑과 기둥에 새겨진 조각은 다른 고딕 양식 건물에 비해 존재 가치가 높은 편이다.

시간상 외부만 돌아보았다(이점이 패키지여행의 최고 단점임). 큰 정문과 네 개의 작은 문이 있었다. 거대한 철문은 멀리서 보면 아치형이고 문 위 팀파눔에는 성경 내용이 담긴 부조가 새겨져 있다. 문과 부조 사이에는 상인방이 있고 문과 문 사이 기둥에는 선하나, 면 하나마다의 섬세함이 그대로 드러나 있다. 성당 설립에 얼마나 많은 정성과 땀과 피가 섞였는지 짐작하고도 남았다. 이것이 종교의 힘인가.

광장에는 많은 관광객과 그 수만큼의 비둘기가 있었다. 비둘기는 사람이 주는 모이에 익숙한 듯 먹이를 쥐고 있는 손바닥 위로 겁 없이 내려앉았다.

그때 체격 좋고 수염이 덥수룩한 남자가 나타났다. 내 손을 잡더니 손바닥에 비둘기 먹이를 한 움큼 얹었다. 장사꾼이란 생각이 들어 돌려주려 했다. 그는 한사코 거절하며 이상한 몸짓으로 비둘기를 불렀다. 내 손바닥 위로 비둘기가 모여들었다. 순간적으로 손바닥을 모으며 필요 없다고 하자 그는 딴청을 부리며 모른 척했다. 나는 모이를 바닥에 쏟아버리고 재빨리 그에게서 벗어났다. 뒤에서 뭐라 중얼거리는 소리가 들렸지만 개의치 않고 걸음을 옮겼다.

나중에 알게 된 것은, 그가 일행 중 다른 한 분(남자)께 똑같은 작업을 걸고 내 몫의 돈까지 요구했다고 한다. 자그마치 10달러 (내가 일행인 줄 알고 요구하여 10달러를 주었다고 함).

비둘기는 모이를 쪼지만, 그들은 밀라노 두오모 관광객을 쪼아대는 몹쓸 까마귀였다.

비둘기 모이 장삿꾼

곤돌라와 수상택시

밀라노에서 3시간 30분을 달려 베니스에 도착했다. 이곳이 인공 섬이라니! 믿기지 않았다. 강가 건물들은 가라앉을 것처럼 위태위태하게 떠 있었다. 마치 코 밑까지 물이 들어차 숨만 간당간당하게 쉬고 있는 느낌이랄까. 하지만 아슬아슬하면서도 아름다운 건 뭘까. 물 위에 비친 건물과 잔잔한 파도 위로 일렁이는 하늘은 신선한 충격이었다. 곤돌라가 좁은 골목 사이사이로 노를 저으며 가는 게 보였다.

곤돌라에 올랐다. 곤돌라에 오르면 귀족 신분으로 행동하라고

했다. 이유는 승선 비용이 비싼 데다 곤돌라 캡틴들의 은근한 자부심 때문이다. 곤돌라의 장식도 그 자부심에 일조했다. 곤돌라 가장자리는 왕관, 금, 휘황찬란한 염색 천으로 둘러져 있고 손님이 앉는 자리는 각종 보석과 장신구로 왕이나 귀족이 앉는 의자처럼 보였다. 곤돌라의 길이는 약 9.6m, 가격은 비싸다고만 했다(곤돌라마다 달라서 말 안 해줌). 연봉이 대략 2~3억대로 상류층에 속하지만 곤돌라 유지비(기름칠, 건조비용 등)가 많이 드는 데다 거주민이 계속 줄고 있어 사양 산업이라고 한다. 사실 베니스는 점점 가라앉고 있다. 언젠가는 바닷속으로 사라진 아틀란티스가 될 것이라고 누군가가 예언하고 있다. 일 년에 몇 번씩 치르는 홍수재해로 이주 인구가 느는 반면, 관광객은 꾸준히 증가하고, 관광산업의 호황으로 소비자 물가는 급격히 상승하는 반면 원주민은 줄고……. 어떻게 해석할지 대략 난감이다.

곤돌라는 물 위를 소리 없이 미끄러지며 수상택시가 갈 수 없는 좁은 골목 이곳저곳을 누볐다. 가까이서 보니 주택 아래쪽이 이끼와 따개비, 바다의 이물질로 더럽고 지저분했으며 심한 냄새까지 풍겼다. 아름다운 베니스의 뒷모습이었다.

이번엔 대중교통인 수상택시를 탔다. 수상택시에는 9-10명의 인원이 탈 수 있었다. 육로로 비교하자면 작은 골목은 곤돌라, 큰 도로는 수상택시가 다닌다. 강가에는 직육면체의 큰 건물들이 죽 이어져 있었다. 베니스의 주요 기관들이다. 건물 앞에는 베니스의 토반이 되는 나무 기둥들이 박혀 있었다.

베니스는 갯벌 위에 나무 기둥을 박고 그 위에 돌로 기초를 만든 후 석조건물을 올려놓은 것이다. 그러니 나무기둥이 썩으면서 건물이 조금씩 가라앉는 것은 당연했다. 이것이 앞으로 베니스가 마주해야 할 커다란 과제다.

베니스를 대표하는 리알토 다리(일명 탄식의 다리)가 보였다. 12세기경 넘쳐나는 수요의 증가로 상품을 배로 이동할 수 없게 되자 다리의 필요성이 대두되었다. 처음에는 나무로 지었는데, 16세기 말에 돌로 다시 지은 다리가 바로 리알토 다리다(아닐 수도 있음). 아치형의 아름다움과 다리 위의 화려한 아케이드 점포들마저 베니스를 상징하고 있었다. 수상택시로 약 한 시간 동안 베니스 주변을 돌았다. 물 위의 베네치아. 눈앞에 있지만 믿기지 않는 동화 속 세상. 물의 도시 베네치아여, 물 흐르듯 영원하길!

베니스 자유관광

자유시간이다. 뙤약볕 아래, 지치는 데다 짜증까지 올라오며 졸음마저 쏟아진다. 왜 이렇게 사서 고생하지? 가끔, 이런 질문을 한다. 답은 한결같다. '고생을 해야 얻는 게 있으니까.'

관광객들에 둘러싸여 있으니, 미아나 다름없지만 묘한 자유로움이 싫지 않았다. 제일 먼저 산마르코 성당을 향해 씩씩하게 걸어갔다.

화려한 황금빛 모자이크로 꾸며진 아름다운 산 마르코 성당. 동서양의 아름다움이 절묘하게 섞인, 로마네스크 양식과 비잔틴 양식이 조화를 이루고 있는 건축물이다. 베네치아의 수호성인인 '성 마르코'의 유해가 안치되어 그렇게 불리고 있지만 원래는 이집트에서 성 마르코의 유해를 옮겨온 것이라고 한다. 성당 곳곳에도 십자군 전쟁 때 터키가 이스탄불에서 약탈해 온 것들로 장식되어 있다. 성당 앞에는 사이프러스, 칸디아, 모레아의 베니스 왕국을 상징하는 세 개의 깃대가 자랑스레 꽂혀있었다.

마르코 광장을 나와 바닷가로 갔다. 길거리 상점과 화가들, 강변 가장자리에 앉아 지나가는 이를 구경하는 관광객들로 빽빽했다. 바쁨 속의 여유와 군중 속의 고독, 한가로움이 넘쳐났다.

땡볕을 피하기 위해 길가 그늘에 앉아 지나가는 관광객들을 쳐다보았다. 걸어가는 이들과 나를 비롯해 앉아있는 이들. 정적인 것과 동적인 것의 조화라고 할까. 나른함과 졸음이 몰려왔다. 시원한 음료를 마시기 위해 카페를 찾았다.

산마르코 성당 뒷골목으로, 설마 했는데 카페가 있었다. 안으로 들어서자 시원한 공기가 반겼다. 밖에서 보는 것과 달리 넓고 인테리어도 괜찮아 보였다. Ice Americano를 시켰다. 커피잔에는 얼음이 달랑 두 조각뿐이다. 연신 미소 짓는 바리스타에게 얼음을 좀 더 달랬더니 'no'라고 딱 자른다. 얼음 추가 1달러라고 한다. 유럽은 시원한 음식이나 음료를 생각하기 힘든 '실온문화(작가 표현임)'이다. 냉커피 속 얼음을 아끼듯 마셨다.

카페를 나섰다. 베니스의 바닷바람이 기다렸다는 듯 후끈 달려든다. 여행 속의 자유는 '편견'라는 벽을 먼저 뚫는 것이다.

전망(?) 좋은 호텔

피렌체의 일정이 끝나고 가이드의 말대로 '지금까지 호텔 중 전망이 가장 좋은 곳'이 있는 로마로 향했다.

Pm. 7:00. 호텔에 도착. 언덕 위에 위치하고 있어 전망은 말 그대로 최고였다. 현관 입구에는 이탈리아, 네덜란드 국기에 이어 아이러니하게도 태극기가 게양되어 있었다. 한국인 관광객이 많다는 의미인 듯했지만 시설은 많이 낡은 편이었다. 로마는 낡을수록, 오래될수록, 전통적인 가치를 지닌다고 하더니, 나의 roomkey는 아날로그 자물쇠였다. 나름 전통 있는 방이라고 할까.

전망이 좋다고 하니 호텔 주변을 둘러보기로 했다. 호텔 아래로 산책길이 있었다. 석양이 깔리기 시작하자 여기저기서 감탄사가 들려왔다. 산 위로 우뚝 솟은 성과 흰 벽돌, 붉은 지붕, 그 위로 주홍빛이 서서히 스며드는 풍광은 감탄사가 절로 나오게끔 했다. 역시 전망은 최고였다. 하나 아쉬운 게 있다면, wifi가 유료라는 것이다. 4시간에 4유로. 저녁마다 가족과 단톡 하던 재미가 쏠쏠했던 터라 wifi가 안되면 곤란했다. 가족과의 연락을 생각하면 4유로가 아깝지 않아 바로 결제했다.

석양이 지는 로마의 한적한 마을

짐을 정리하고 내일 할 것을 준비하다 보니 어느새 10시가 되었다. 가족 단톡에 들어갔다.

그런데 어쩐 일인가? wifi가 되지 않았다. 분명 4시간을 결제했음에도. 당황스러웠다. 내려가서 말을 해야 하나? 시간이 늦었는데 그냥 둘까? 온갖 생각이 오갔지만 내려가 말이라도 해야 후회가 없을 것 같았다. 데스크에는 이미 불이 꺼져있고 퇴근한 것 같았다. 그때 남녀가 주고받는 소리가 들렸다.

"Excuse me……"

기어들어가는 소리로 말했다. 데스크 뒤쪽에서 남자분이 나왔다. 무슨 일이냐는 듯 나를 쳐다보았다.

"I don't spend wifi. I don't know wifi time……."

되는 영어, 안 되는 영어를 섞어 사정을 말했다. 그는 대충 알아들은 듯 나의 방 번호를 확인하고는 "fourteen hour"라고 했다. 잘못 들었나? 그는 알았으니 그만 가보라는 것 같았다.

방문을 열자마자 카톡을 열었다. 다행히 인터넷 연결이 잘 되었다. 단톡에 지금까지의 사정을 얘기하자 잘했다며 좋아했다. 우쭐! 네 시간 동안 사진 올리고 여기저기 카톡으로 인사를 했다. 그런데 다음 날 자정까지 나의 카톡은 계속 열렸다. 무슨 일? 데스크에서 "fourteen hour"이라는 것을 잘못 들었다고 생각했는데, 'fourteen'이 아닌 'twenty four'이었다. 전망 최고, 인심도 최고의 호텔이었다.

폼페이 최후의 날

〈폼페이 최후의 날〉 현장에 도착했다. 관광객들에게 떠밀리다시피 해서 들어갔다. 벽과 터만 남은 오래된 가옥들이 보였다. 인도 외곽지에 온 듯 메마르고 삭막한 풍경이다. 그러나 이곳이 79년 8월 24일 베수비오 화산이 폭발할 당시에는 높은 문명을 지녔던 마을이다.

폐허 현장을 돌았다. 마을 안쪽으로 갈수록 이곳이 얼마나 위상 도시였는지 알 수 있었다. 어마어마한 두께의 기둥과 높이는 건물 크기를 가늠케 했다. 그냥 지나칠 만한 곳도 설명을 듣고 나면 그제야 그곳이 어떤 곳이었는지 찬찬히 다시 훑어졌다. 소극장, 대극장, 목신의 집, 베티의 집, 시장, 포룸, 대형 목욕탕, 족탕. 외부 온도 차단을 위한 이중벽, 온수를 사용한 흔적, 과학적인 물 빠짐, 현대식 부엌, 미닫이문 등. 일상생활 도구까지 오늘날과 별반 다르지 않았다. 그때 어떻게 이런 문명을 누렸는지, 놀라웠다. 더욱 의문스러웠던 것은 넓은 도로다. 인도(人道)와 마차가 다니는 길을 구분해 놓은 점도 놀라웠다. 차가 없었을 당시 왜 이렇게 넓게 만들었을까. 로마는 전쟁 시 가장 먼저 도로부터 닦는다고 한다. 그만큼 도로에 집착했으며, 모든 길은 로마

넓은 도로가 있는 중심부

로 통한다, 는 말이 이제야 이해가 되었다.

폼페이는 화산 폭발로 대재앙이었지만 미술, 조각을 비롯한 예술작품이 화산재 속에 고스란히 보존되어, 당시의 문화와 로마의 생활상을 밝히는 귀중한 자료가 되고 있다. 특히, 벽화의 발견은 놀라울 정도라고 한다(지금도 발굴 중임. 벽화와 모자이크는 대부분 뜯겨 박물관으로 옮겨진 터라 상처뿐인 벽만 음산하게 남아있음).

여기저기 화석이 된 흔적들이 남아있었다. 편안히 누워있는 남자, 옆으로 비스듬히 누워있거나 그 옆에 웅크리고 앉은 젊은이. 그들은 폭발 당시 무슨 생각을 했을까. 사랑하는 여인을 생각했을까. 곧 들이닥칠 재앙을 모른 채 영원한 휴식 세계로 떠난 그들. 웅크린 채 뒷발질하거나 배를 드러내고 누운 개(강아지들이 기분 좋을 때 하는 행동)가 너무나 평화로워 보인다. 문득, 남의 재앙이 관광이 되고 있다는 자체가 뭔지 모를 허탈감을 가져다준다. 죽음의 순간. 얼마나 놀랍고 황당했을까? 도대체 무슨 잘

못으로 재앙을 받은 걸까. 재앙에 기준이 있다면, 과연 지금 남을 만한 도시가 있을까. 세계는 이미 재앙을 맞아야 할 시점에 살고 있다. 원치 않게 사라져 버린 삶. 차단, 끝맺음. 그런 것이 우리에게 온다면……. 끝없는 질문과 대답 없는 침묵이 폼페이를 떠돌았다.

바티칸 박물관

바티칸 박물관을 가기 위해 6시 30분 호텔을 출발했다(5시 기상, 6시 아침식사).

바티칸 인구는 고작 900명. 세계에서 가장 작은 나라다. 1929년 무솔리니와 교황청의 협의를 통해 건립된 바티칸은 바티칸 박물관으로 알려졌다. 관광객 수입만으로 바티칸 제정이 충분하다니, 박물관 내의 예술품들이 더욱 궁금해진다.

박물관 입구에 도착하니 아직 7시 전이다(일반 입장은 9시이며 예약되면 8시). 예약했을 텐데 왜 이렇게 일찍 서두른 걸까? 알고 보니 관광 일정이 정확하지 않아 예약 없이 9시 오픈을 기다리기로 한 것이다. 시간이 흐르자 왜 일찍 서둘렀는지 알 수 있었다. 줄은 성벽을 돌아 'ㄷ' 자 형에서 'ㄹ' 자 형이 되어가고 있었다.

드디어 9시, 개표가 시작되었다. 일찍 온 덕에 바로 들어갈 수 있었다. 입장표에는 미켈란젤로가 붓을 든 옆모습과 미켈란젤로라고 적혀있어, 예술적 감각이 묻어 나오고 있었다.

높고 웅장한 입구부터 우리를 압도했다. 인파에 떠밀리다시피 하는 발걸음조차 힘에 부쳤다(관광인지? 노동인지?).

투어 시작 전 박물관에 관한 대략적인 설명을 들었지만 강열

한 햇볕과 더위에 지쳐 서 있기조차 힘들었다. 솔직히 뭘 들었는지 기억에 없다.

안내가 끝나자 실내로 들어갈 수 있었다. 어디가 어딘지 위치는 여전히 모호했다. 들어가자마자 고개를 완전히 꺾어야 볼 수 있는 미켈란젤로의 천장화가 보였다. 크기와 화려한 색채는 물론, 어떻게 그렸을까, 얼마나 고개가 아팠을까. 말문이 막혀왔다. 그 크기와 섬세한 터치는 상상을 초월한 작업시간과 노력, 열정을 말해주고 있었다. 탄성은 계속되었다. 바티칸 박물관이 마치 미켈란젤로의 거대한 저택인 듯했다.

피오 클레멘티노 조각관, 팔각정원, 동물의 방, 뮤즈의 방, 그리스도 십자가의 방. 관광객들에게 떠밀려 자세히 보거나 잠시 제자리 '멈춤' 하는 것도 꿈꿀 수 없었다(성수기 때를 절대 피해 가도록). 모든 벽면과 천장의 틈새까지 벽화들로 채워져 있고 바닥은 수제 카펫을 깔아 놓아, 그 놀라움은 표현이 불가능했다. 어디가 시작이고 어디가 끝인지 알 수 없는 예술의 도가니였다.

'도대체, 왜 이렇게까지.' '어떻게 할 수 있었을까?'

종교의 힘이 아니면 할 수 있었을까, 싶다.

바티칸의 하이라이트, 시스티나 소성당으로 들어갔다. 사진촬영 금지구역이다. 이곳은 미켈란젤로 혼자서 그린 벽화와 천장화가 있는 곳이다. 미켈란젤로의 그림을 이미 봐왔지만 이곳은 앞의 것에 비교할 수 없었다. 규모, 높이, 구조, 공간, 색채에 압도된 관광객들은 넋을 잃었다. 사람이라고 할 수 없는, 예술에 미쳐버린 인간(?). 그림을 보는 이들마저 미쳐버리고 싶게끔 했다. 그는 예술에 미친 사람이 분명했다.

한데, 이곳이 바티칸에서 유일하게 에어컨이 나오는 곳이었다. 감출 수 없는 속물성이 드러나면서 조금 더 머물고 싶었다. 시원한 공기에 노곤해지자 팔, 다리 쭉 뻗고 늘어지게 자고 싶었다. '사서 고생'. 이 사자성어 역시, 미친 듯이 딱 들어맞는 예술어(語)라는 것을 알게 되었다.

트레비 분수

분수의 도시 로마. 트레비 분수에 도착했다. 영화 〈로마의 휴일〉 오드리 헵번이 낭만적인 장소로 만든 곳이다. 1762년에 완성한 트레비 분수는 세 갈래 길(Trevia)이 합류한다고 해서 붙여진 이름이다. 분수가에는 어마어마한 관광객들이 에워싸고 있었다. 틈을 비집고 내려갔다.

트레비분수 앞에서

분수 중앙에는 개선문을 본뜬 벽화가 있고 이를 배경으로 반인반수(半人半獸)인 해신(海神) 트리톤이 이끄는 전차와 대양의 신 오케아노스(像)가 거대한 조개를 밟고 있는 조각이 있다. 조각 사이로 흐르는 물은 작은 연못을 이루었고 사방으로 확 트인 분수가 아닌, 한쪽이 막혀 답답했지만 마치 트리톤의 공연을 보는 것처럼 시선이 집중됐다.

분수 물은 맑고 차가웠다. 분수대 중앙에는 행운을 빌기 위해 던져진 동전들이 반짝반짝 빛나고 있었다. 분수를 등진 채 오른손의 동전을 왼쪽 어깨너머로 한번 던지면 로마에 다시 올 수 있고, 두 번 던지면 연인과의 소원이 이루어지고, 세 번을 던지면 힘든 소원도 이루어진다는 속설이 있다. 동전을 던지는 이들이 많았다. 기분 삼아 하나쯤 던져보겠지만 미처 동전을 준비하지 못했다. 분수에서 매년 거둬들이는 돈이 약 13억이라고 한다. 로마 가톨릭 재단으로 기부한다고 하니, 관광 부수입 치고는 매우 쏠쏠하다.

트레비 분수는 밤에 그 진가가 드러난다고 한다. 어둠 속에서 투광 조명을 받은 그 아름다움은 말로 형용할 수 없을 정도라고 하니, 언젠가 자유여행으로 오게 된다면 그날 밤 꼭 보게 되길 빌어본다. 그런데 동전을 던지지 않아서 다시 로마로 갈 수 있을지 모르겠다.

환상적인 〈그랜드 모스크〉

　아부다비 그랜드 모스크에 도착. 모스크는 무슬림들이 모여 종교활동을 하는 예배당이다. 모스크 안에는 아랍에미리트연합의 초대 대통령인 셰이크 자이드의 무덤이 안치되어 있다. 모스크는 멀리서 봐도 웅장했다. 세계에서 다섯 번째 큰 모스크로 축구장 다섯 배의 크기로 약 4만 명을 수용할 수 있고 82개의 돔과 1,000개의 기둥이 있다. 척박한 땅에 이런 건물이 들어설 수 있는 게 놀라웠다. 물론 이 도시 전체가 그랬다. 그 모든 것을 감춘 듯 한 순백의 둥근 돔들은 햇살 듬뿍 받은 꽃봉오리 같았다.
　내부로 들어가는 까다로운 심사를 받았다. 발목과 머리가 드러나지 않는 긴바지, 긴치마, 소매 있는 윗옷을 입어야 했다. 흰옷이나 비치는 옷도 곤란하여 일행으로부터 재킷을 빌려 입었다.
　들어가는 길목의 하얗고 뾰족한 사원 기둥과 초록 나무의 조화는 고상하고 품위 있어 보였다. 모스크는 외부 모양부터 충분히 압도하고 남았는데, 내부에 들어서자 입이 딱 벌어지고 말았다. 세상에!
　먼지 하나 없을 듯한 대리석 바닥이며 유리알처럼 반짝이는 대형 연못과 사각으로 다듬어진 나무 정원은 어떻게 표현해야 할지 몰랐다(대리석 바닥은 신발을 벗고 다녀야 함. 시원했으며, 발바닥에 먼지 하나 없었음). 내부를 관람하는 동안은 서로 대화를 하거나 어떤 잡소리도 내지 못하도록 했다. 사진을 찍을 때도 웃거나 손을 'v'로 하는 것도 금했다(매우 어색했음).

대리석 위 긴 회랑을 따라 걷고 있자니 마음이 경건했다. 기둥마다 새겨진 꽃들은 돌을 깎아 새겨 넣은 것으로 세밀한 것 하나마다 경이롭기까지 했다.

외부인 출입이 가능한 기도실로 들어갔다. 화려함의 극치였다. 입구부터 눈에 띈 커다란 샹들리에는 스와로브스키 제품으로 높이가 12.2m, 폭이 7m, 무게가 2.2톤, 한화로 약 90억 원이라고 한다. 상상을 벗어난 배색과 무늬는 쳐다볼수록 빨려 들었다.

연신 사진을 찍었다. 이 분위기와 감동이 고스란히 사진에 담아질는지. 바닥에 깔린 1,700평짜리 카펫은 손으로 직접 만든 것이며, 무게가 45톤, 이란에서 만든 것이라고 한다. 초록과 베이지 계통의 조화가 몽환적이다. 곳곳에 경비원들의 매서운 눈이 관광객의 움직임 하나하나를 체크하고 있었다. 왜 안 그렇겠는가. 어떤 손상도 용납되지 않았다.

일행들이 철수(?)하는 분위기임에도 한 번 더 돌아보았다. 어느새 아무도 보이지 않았다. 맨발로 부랴부랴 뛰다시피 하여 약속 장소에 도착했다. 휴~우!

일행 중 두 명이 시간이 지났음에도 나타나지 않았다. 시간을 착오한 걸까. 아니면 나와 비슷한 심정으로 구경하느라 늦는 걸까. 결국 이십 여분이 지나서야 나타났다.

차라리 길을 잃고 헤매고 싶었던 그랜드 모스크다. 그랬다면 길을 헤매고 있을 내 앞에 백마 탄 왕자님이 올 것 같은 모스크, 나이든 여행자에게 꿈과 환상을 선물했다.

버즈를 만나러 쥬메이라 비치로

두바이는 마치 영화에 나오는 4차원 미래 도시를 떠올리게 했다. 비슷한 직육면체로 올린 빌딩들이지만 색깔, 디자인부터 각각의 개성을 맘껏 드러내고 있었다. 아부다비보다 다채로웠다.

냉방이 잘 된 버스에서 내리자마자, 헉! 코와 입으로 더운 공기가 숨을 막았다. 습하고 후끈한 수증기. 젖은 마스크를 착용한 느낌이다. 참기 어려웠다. 반듯한 모서리를 순식간 녹여버릴 것 같은 열기와 끈적거림. 도시 전체가 사우나다.

버즈알아랍이 보이는 쥬메이라비치

버스로 이십여 분을 가자 주메이라 비치가 나왔다. 〈버즈알아 랍〉이 가장 잘 보이는 바닷가라고 한다. 바다색이 이뻐 물속으로 텀벙 뛰어들고 싶었지만 짠 소금물에 절인 생선 꼴이 될 터였다. 희망자 몇 명만 내렸다. 뜨거운 모래 열기가 발아래로 올라왔다. 바다로 좀 더 나아가자 버즈 알 아랍 전체가 눈에 들어왔다. 커다란 돛단배. 거리가 멀어 생각보다 작았지만 역시 독특했다. 저것이 사진과 영상에서 보았던 진짜 버즈 알 아랍이란 말인가. 셔터를 눌렀다. 잘 찍었는지 확인을 해가며 계속해서 눌렀다.

여행 전, 버즈가 저곳에 세워지기까지 전 과정이 나오는 동영상을 보았다. 엄청난 도전과 모험이었다. 인간의 도전은 어디까지인지.

바닷가에서 주어진 자유시간은 겨우 5분. 그것도 충분했다. 너무 뜨거워 달리 할 게 없었다. 그늘을 찾아 얼른 버스에 올랐다. 기대에 비해 만남이 짧았던 버즈 알 아랍. 만족은 시간에 비례하지 않는다는 것을 느끼게 해 주었다.

버즈칼리파 전망대

　버즈칼리파 전망대. '그 지역을 가면 반드시 전망대나 케이블카를 타고 올라가 보라'고 했다. 세계에서 가장 높다는 빌딩 전망대(입장료 70유로, 한화 약 9만 원)에 오르기 위해 역시 세계에서 가장 빠른 엘리베이터('세계에서 가장'이라는 말이 너무 남발됨)를 탔다. 로비에서 전망대가 있는 124층까지 35초 만에 우리를 순간 이동시켰다. 정말 올라왔을까? 엘리베이터 문이 열리고 조금 걸어 나가자 전면이 유리로 둘러진 전망대가 나왔다.
　오! 아래에는 사막의 도시 두바이가 한눈에 들어오고 있었다. 지평선까지 닿지 못하는 작은 도시. 듬성듬성 심어놓은 나무처럼 우뚝 솟은 빌딩, 작은 숲과 공원, 가로수와 잘 조성된 잔디밭. 넓은 호수. 그 사이로 아직 개발 중인 모래 지대와 시원하게 뚫린 도로(14차선 도로가 있음). 모래와 빌딩, 도로뿐 어느 방향에도 산은 없었다. 당연했지만 익숙한 전경은 아니었다. 건조하고 삭막했지만 인간에게 필요한 최소한의 자연환경을 만들기 위해 엄청난 투자를 하고 있는 미래의 도시, 바로 그 자체였다.
　파아란 물빛이 바위에 박힌 에메랄드 같다. 모두가 인공이다. '초고층 건물의 저주'가 무색했다. 오히려 저주의 땅에서 희망을 쌓아 올린 기적이 일어나고 있었다. 불가사의하다는 것이 결코 불가능하지 않다는 것, 인간이 얼마나 강하고 독한지 보여주는 두바이. 이곳은 자본주의의 꽃으로 피어나고 있는 최고의 파라다이스(?)였다.

호불호(呼不呼) 전통음식

인천으로 가는 날이다. 몸이 더 신났다. 비행기 시간 때문에 이른 저녁을 먹었다. 농사짓기 힘든 환경임에도 샐러드 요리가 듬뿍 나왔다. 바구니에 가득한 야채도 싱싱했다.

후무스(Hummus 왼쪽)와 무타발(Mutabal 오른쪽)

사각 접시에 둥근 모양의 음식이 나왔다. 하나는 노란색(후무스Hummus) 다른 하나는 빨간색(무타발Mutabal)이다. 푹 꺼진 케이크 속에 수프 혹은 소스를 담아놓았다. 후무스는 레바논 음식으로 병아리콩을 으깨어 레몬즙과 올리브 오일, 여러 향신료를 섞은 것으로, 단백질이 많고 지방이 적다. 고소하고 약간 느끼한

게 내 입맛이다. 무타발은 병아리콩 대신 가지를 으깨어 만들었는데, 후무스보다 깔끔했다. 방금 구운 빵(리가그Ragag)과 함께 나왔다. 둘 다 내 입맛에 맞아 열심히 먹었다(둘 다 식성에 맞지 않아 전혀 먹지 않은 일행도 많았음). 한데, 이것은 사이드 메뉴였다. 그것도 모르고.

메인 요리가 나왔다. 양고기와 생선 중에 양고기를 택했다. 감자, 돈가스, 샐러드, 햄이 같이 나왔다. 후무스와 무타발을 못 먹은 이들은 양고기와 생선을 열심히 먹었다. 배가 불렀지만 몇 조각 맛보았다. 나의 입맛은 메인보다 사이드였다. 그러고 보면 여행에서도 난 사이드를 더 즐겼던 것 같다. 호텔, 음식, 일행 등등. 그러면 어떤가. 사이드도 메인도 다 좋은 게 여행이다.

5
홍콩, 마카오

성바울 성당, 윤포&큐키 거리, 펠리시다데 거리, 콜로안 빌리지,
타이파 빌리지, 파리지앵 에펠탑, 베네시안 리조트, 소호거리, 스탠리,
빅토리아 파크, 미드레벨에스컬레이터

마카오 첫인상

입국심사가 없는 마카오 공항 내부

마카오다. 입국심사가 없는 나라는 처음이다. 유럽에서는 동양인을 무시하는 듯한 눈빛으로, 동남아에서는 군복 차림 직원들에게 삼엄하게 감시당하던 입국심사로 그다지 기분이 좋진 않았다.

이번에는 그런 절차마저 없었다. 티켓팅 없이 영화관에 들어가는 기분이랄까? 우대와 환영? 마카오의 입국은 신분에 대한 의심이 없었다. 어떤 일에 관련되었는지, 무슨 일을 하고 있는지, 차별이 없는 완벽한 레드벨벳을 깔아놓았다.

누구든 들어와 돈이나 실컷 쓰고 가라는 경제논리(?) 같기도 했다. 만 14세 이상이면 누구나 '카지노' 입문에 신고 없이 들어올 수 있다. 이들은 밤낮없이 놀고, 먹고, 잘 수 있다. 그렇게 마카오의 호텔과 카페, 식당들은 마카오의 배를 불린다.

하지만 완벽한 방어벽 안쪽은 비대해지고 마침내는 고인 물처럼 썩어간다. 자못 '타락'처럼 보이는(나의 관점일 뿐임) 자유의 뒷면에서 카지노의 건물은 더욱 화려하고 거대하게 변해간다.

부와 가난의 차이가 격심해지고 교육이 있어야 할 자리는 돈으로 채워진다. 있는 자에게만 무한한 자유를 선물하는 곳. 이것이 마카오에 대한 나의 첫인상이다(작가의 소견임).

인생 호텔을 만나다!

'이번 여행의 최고는?'이라고 묻는다면 망설이지 않고 마카오에서 2박을 했던 호텔이다. 지금까지 여행에서 뷰가 가장 좋았던 곳이다. 너무 만족스러워 관광보다 룸에서만 계속 머물고 싶었다.

룸에서 바라본 아침 풍경

로비부터 시선을 끌었다. 천장에는 인공 잔디와 형광불빛 테두리로 만든 마카오반도 모형이 있다. 이 호텔의 상징 같았다.

대리석 바닥과 국화 화분, 파이프 오르간 모양의 투명한 벽도 색 달랐다. 부채 장식, 가장자리의 붉은 등, 황금돼지는 중국의 느낌을 확실히 풍기고 있었다.

룸으로 올라갔다. 엘리베이터에서 내리자마자 배우 이소룡 사진이 보였다. 마음에 들었다(어린 시절 이소룡을 좋아했음. 호텔과 이소룡이 관련이 있을지도 모름). 카키색 계열의 복도에는 얼룩말 줄무늬를 연상케 하는 카펫을 깔아놓았는데 인상적이다. 불빛이 나오는 룸넘버도 이색적이어서 어느 하나 흠잡을 데가 없었다. 이것만 전부가 아니다. 키를 열고 들어서는 순간 커다란 더블베드와 전면 창으로 들어온 야경은 놀라움 그 자체였다. 캐리어와 짐을 침대 위로 던지고 창가로 뛰어갔다. 경마장과 호텔 수영장이 보였다. 경마장은 가로수길처럼 조용했고 수영장은 빨강, 파랑 조명이 물결에 일렁이며 춤을 추듯 인사를 했다. 침대와 창을 오가며 쿠션에 기대거나 눕기를 반복했다. 이게 꿈인가! 만족감, 설렘, 기쁨, 행복의 단어들이 뭉글뭉글 올라왔다.

욕조에 따뜻한 물을 채웠다(샤워만 했지 욕조 목욕은 처음이었음. 샤워시설도 너무 좋았음). 오래오래 샤워를 했다. 잠이 오지 않았다. 잠들 수가 없었다. 아니, 잠들기가 아까웠다. 눈을 감고 있으면 왠지 억울한 기분마저 들었다. 창 너머 네온 불빛과 경마장에서 흘러드는 적막한 가로등마저 꿈속 같았다. 어찌, 감히 잠들 수 있으랴! 보고 또 보고, 지쳐서야 잠이 들었다.

이슬비 속 성바오로 성당

어디로 가는 줄도 모르고 가이드를 쫓아갔다. 이슬비가 형체 없이 옷깃을 파고들었다. 으슬으슬. 우산을 대신해 목도리를 둘렀다. 고갯길을 오르자 바로 앞에 커다란 성채가 나타났다. 우리는 뒤쪽 길로 올라온 셈이었다. 앞쪽으로 가서 정면을 올려다보니 인터넷에서 많이 본 건물이다. 성바오로 성당이다.

성바오로 성당은 마카오를 대표하는 관광지이자 상징이다. 포르투갈의 유적지로 역사적 가치를 지니고 있으며, 예수의 사도 성 바울에게 바쳐진 것으로 알려져 있다. 17세기 초 이탈리아 예수회 선교사들이 설계했고, 10여 년에 걸쳐 건축했다. 당시에는 아시아 최대 규모의 유럽풍 성당이었으며, 마터 데이 성당과 성바울대학, 몬테 요새를 포함하여 '마카오의 아크로폴리스'로 불렸다.

성바오로 성당은 건립 이후 몇 차례의 화재로 인해 재건과 복구를 거듭하였다. 1835년 발생한 대형 화재로 성 바울 대학과 마터 데이 성당을 포함하여 대부분이 소실되었으며, 현재는 성당 정면과 계단, 일부 벽과 지하실만 남아있다. 건물 뒤쪽에는 성당 터가 있고, 철제 계단을 통해 위로 올라가 볼 수 있게 되어 있다.

건물 정면에는 천사와 꽃에 둘러싸인 성모 마리아와 포르투갈 범선, 머리가 일곱 달린 용, 중국식으로 묘사된 사자 등 성경 이야기에 나오는 상징물로 7년에 걸쳐 완성되었다고 한다. 지하에는 작은 종교예술박물관이 있는데, 성당 원형을 복원한 모형과 가톨릭 관련 회화, 성화가 60여 점 전시되어 있다.

이슬비 속에서 이어진 가이드의 설명은 귀에 잘 들어오지 않았다. 발 디딜 틈이 없는 군중 속이라 더욱 어수선했다. 저녁에는 이곳에서 레이저와 조명, 음향이 어우러진 '빛의 꿈'이라는 쇼가 벌어지기도 한다는데 우리와는 인연이 없는 듯했다.

우욱! 육포거리

성바오로 성당 앞쪽의 '육포거리'로 나왔다. 입구에서부터 쿰쿰한 냄새가 진동했다. 다닥다닥 붙은 가게, 작은 포장마차 앞에는 기다란 줄이 서 있었다. 지독한 냄새와 함께 펄펄 끓는 김 사이로 요리사는 분주히 움직이고 있었다.

궁금해서 가까이 가 보았다. 걸쭉하게 끓이고 있는 국과 어묵 꼬치가 주메뉴였다. 국은 천엽과 막창, 껍데기로 보이는 것들이 국물 속에서 오글거리고, 카레와 고수가 섞인 듯한 오묘한 냄새와 색깔이 뼛속까지 느글거리게 했다.

줄이 끝도 없이 서 있는 것이 신기했다. 순서가 돌아온 손님은 일회용 컵에 푹 끓여진 국물을 가득 붓고 그 국물에 진열된 꼬치 중 몇 개를 골라 담은 후 총총히 사라졌다. 들고 가는 손님의 얼굴에는 행복과 만복감이 충만했다.

육포거리는 확실히 인기가 많았다. 역시 먹는 게 최고다. 시식용 육포와 쿠키를 한 점씩 먹다 보니 배도 부르고, 사람들 사이에 끼어 돌아다니다 보니 어느새 내 몸이 쫀득한 육포가 되어가고 있었다.

육포거리에 있는 길거리 음식점(내장탕, 꼬치) 엄청난 줄이 서있음

펠리시다데 거리(홍등가)

영화 '도둑들' 촬영지였던 펠리시다데 거리로 왔다. 이전에는 '홍등가'라고 불리던 홍콩의 뒷골목이다. 우리나라의 뒷골목과 크게 다르지 않다. 낡고 오래된 가옥, 페인트칠이 벗겨진 벽, 먼지와 곰팡이 냄새가 풀풀 날아다니는 칙칙함, 얽힌 전신 줄, 손대면 툭 떨어질 것 같은 간판들. 삶의 뒷모습이 담긴 골목길은 오정희 소설 〈중국인의 거리〉를 떠오르게 했다. 다닥다닥 붙은 2층 건물 붉은 창으로 어린 치옥이가 빼곡히 얼굴을 내밀며 '여자로 태어난 게 어떠세요?'라고 묻는 것 같았다. 가족을 책임지고 생계를 이어가야 했던 창녀들이 매일 밤 홍등을 켜고 붉은 피를 토하며 훨훨 태워야 했던 거리. 지금은 누가 살고 있을까? 간혹 열어젖혀진 창으로 그때의 아픔이 들려오는 것 같았다.

창가 옆 빨랫줄에 어린아이 속옷과 빨갛고 유혹적인 망사 팬티가 너울거린다. 낡은 벽과 짙은 회색의 길바닥, 붉은 덧창문과 창은 적당히 노화되어 잘 어울렸고, 시간은 몇십 년 전으로 훌쩍 물러나 있었다. 황금의 일확성을 꿈꾸는 거대한 카지노와는 거리가 먼, 노동과 땀이 느껴지는 곳이었다.

가이드가 포토존에서 기념사진을 찍어주었다. 두 팔을 활짝 펼쳐 들고 다리는 쭉 뻗은 채, 뒷골목을 뛰어다녔을 치옥이의 친구가 되어 보았다.

펠리시다데 거리에서 인생 컷을(*가이드님이 찍음)^^

스탠리의 리스보아

마카오에서는 가장 부자인 사람. '스탠리 호'다(배 이름으로 착각했음). 마카오 카지노 건물 중 2/3를 지니고 있으며(약 20개) 카지노 전체 수입의 60%를 차지하고 있다고 한다. 마카오를 먹여 살린다고 해도 과언이 아니다. 다음 목적지는 그의 개인 소장품과 일대기 사진을 전시해 놓은 '리스보아'다. 리스보아는 세계에서 가장 못생긴 건축물 10위에 들어있다고 하는데 그렇지가 않았다. 특이하게 생긴 건물 외관과 황금을 연상케 하는 색감은 파격적이고 독특했다. 빌딩 위쪽은 부의 상징처럼 보이는 이집트 왕관 모양이고 아래쪽은 타원형의 넓은 박물관으로 개성 만점의 건축물인데 왜 못생겼다고 하는지 모를 일이다.

2007년에 오픈한 리스보아에는 800개의 게임 테이블과 1,000개의 슬롯머신, 430개의 객실이 있다고 한다. 호텔 로비에 들어서자 높은 천장과 샹들리에가 눈에 들어왔다. 천장에는 이슬람 사원을 연상케 하는 그림이 그려져 있고 모자이크 대리석 바닥과 크고 작은 구슬로 엮어진 샹들리에와 잘 어울렸다.

스탠리의 소장품들은 섬세한 그림이 그려진 도자기, 황금으로 도금된 그림, 손끝만 닿아도 깨질 것 같은 크리스털, 사람이 만들었다고 믿기 어려운 상아로 만든 부처상 등 보물과 보석을 포함해 어마어마했다. 마카오의 세금 중 40%가 스탠리가 내는 세금이라고 하니, 마카오의 경제는 스탠리에 의해 돌아가는 게 분명했다. 네 명의 미녀를 아내로 둔 스탠리, 그의 인생도 '값진 보물'이었는지 궁금하다.

리스보아 카지노

마카오 타워 관광

어디를 여행가도 꼭 있게 마련인 타워 관광이 이번에도 있었다. 대부분의 타워 관광이 그렇듯 안 가면 뭔가 찜찜하고 가면 전망밖에 없어 기대치는 없었다. 예상대로 전망대를 한 바퀴 돌아보는데 5분도 안 걸렸다. 동전을 넣으면 작동하는 망원경과 기념품 가게, 대형 캐릭터 인형 등. 하지만 이곳에는 다른 곳에 없는 두 가지가 있었다. 하나는 번지점프, 또 하나는 스카이워크였다.

타워 난간에서 '스카이워커' 하는 사람들

타워 바깥 난간으로 사람들이 걸어 다니고 있었다. 보기만 해도 아찔한 모습이 실시간 움직이고 있었다. 그들은 줄에 매달린 인형처럼 온몸을 줄로 둘둘 말고 난간을 뛰어다니거나 원심력을 이용하여 공중으로 둥둥 떴다 착지하기를 반복했다. 소름이 올라왔다. 자극적인 레저 놀이가 점점 특이한 방식으로, 오감을 얼어붙게 만들고 있었다. 이런 놀이를 즐기려는 줄에는 나이도 천차만별, 지긋한 나이의 여자도 있었다.

전망대 한 층 위에는 번지점프대가 있었다. 반사경으로 비친 화면을 통해 번지점프대에서 뛰어내리는 모습이 보였다. 툭! 시커먼 뭔가가 떨어질 때마다 환성이 들려왔다. 돈 들여가며 수명 단축 놀이(?)를 하고 있다. 그러나 감히 그렇게 말할 자격이 있을까. 나 또한 집에서 가만히 먹을 것 먹어가며 편안히 시간 보낼 것이지 돈 들여가면서 힘들게 돌아다니고 있으니, 남들 또한 미친 짓 하고 있다고 할 것이다. 보는 이의 관점에 따라, 가치관이나 인생관에 따라 돈을 투자하거나 즐기는 부분이 다를 뿐이다. 톨레랑스다.

유리창으로 작은 물방울이 돋고 있다. 마카오 날씨는 오락가락이다, 점프대의 그들을 보는 내 간도 녹았다 얼었다 오락가락이다.

침사추이, 국제미아(?)

　홍콩의 중심지인 침사추이에 도착. 세계적인 명품이란 명품은 다 모여 있는 곳. 정사각형으로 잘린 블록 안에는 같은 높이, 같은 모양의 건물들로 채워져 있었다. 어디가 어딘지, 도저히 구별할 수 없는 곳에서 과감히 자유시간을 갖게 되었다. 혹 길을 잃으면, 'Solt Street'를 찾고, 68**-**00번호 '기타 발신'으로 전화를 하라고 일러주었다. 설마, 길을 잃을까. 자신만만히 침사추이 쇼핑을 시작했다.
　8차선 도로(6차선인지 8차선인지 헷갈림) 위 차들과 인도 위의 인파들, 빌딩에서 뿜어져 나오는 불빛. 거리는 선과 빛으로 엉킨 문명의 전시장이요 소음 그 자체였다. 잘 쪼개진 정사각형 사이로 개미 같은 인간들이 물건을 사거나 음식을 먹거나 그들만의 언어로 열심히 움직이는 삶의 현장. 가도 가도 같은 건물로 보이는 가게들. 비슷비슷한 거리에는 젊은이들의 걸음으로 꽉 차 있었다. '지금 어디를 가고 있는 거지……'
　발걸음은 벌써 지루해지기 시작했다. 부족할 듯했던 자유시간이 부담스러웠다. 이제 겨우 30분이 지났을 뿐이다. 목표가 있어야 할 것 같았다. 오른쪽 화장품 가게(세일 기간인 듯)에 손님들이 북적대고 있었다. 마침 아이라인 용액이 거의 떨어진 데다 이것저것 구경할 겸 가게로 들어갔다. 젊은 여자들 틈새에 끼어 파운데이션과 매니큐어를 발라보았다. 가게 앞에 팩 4→3, 120→69라고 적혀있길래 득템이라 생각하고 팩 4개를 들고 카운터로 갔다. 계산액이 무려 272불(홍콩 달러로)이었다.

얼떨결에 계산하고 말았지만 나중에 알고 보니 팩 하나의 가격이 69달러였고 네 개를 세 개의 가격으로 준다는 것이었다. 잘 해석했어야 했는데… 역시 충동구매 지름신 앞에서는 속수무책이다.

아무튼 자율시간이 훌쩍 지나갔다. 만나기로 한 'Solt Street' 쪽으로 발길을 돌려 걸어온 방향을 짐작하며 걸었다. 그런데 갈수록 헷갈리기 시작했다.

'너무 걸어왔나? 저쪽이었나? 아니, 이쪽인가?'

왠지 큰일이 일어날 것 같은 불안감이 몰려왔다.

'아, 길을 잃었구나!'

몸의 모든 촉각을 세우고 걸었지만 점점 미로 속을 헤매고 있음을 인정하지 않을 수 없었다. 가게에 들어가 'Solt Street'를 물었다. 여기서는 이쪽으로, 저기서는 저쪽이라고 했다. 시간은 10분을 남기고 있었다. 식은땀이 나며 다리에 힘이 풀렸다. 길을 찾는 게 불가능할 것 같았다. 아이고, 하나님! 그때 가이드가 일러준 긴급번호가 떠올랐다. 다행히 휴대폰에 저장해 두었다. 긴급 번호를 눌렀다. 신호음이 갔다. 희비가 엇갈리는 순간이다. 콩닥콩닥!

"지금, 그곳이 어디예요?"

먼 곳으로부터 가이드의 음성이 들려왔다. 휴-! 이제 살았구나, 싶었다.

"거기서 뭐가 보입니까?"

"모르겠는데……, 아, 구찌(GUCCI)가 보이네요."

5분 정도 서 있자니 가이드가 왔다. 너무나도 반가운 사람. 울컥했다. 지금까지 가이드에게 매긴 점수에서 따블로 치솟았다. 얌전하게 그의 뒤를 따라 만남의 장소에 도착하니 다른 일행들 모두 걱정하고 있었다. 그들은 길을 잃을까 봐 'Solt Street' 주변만 돌아다녔다고 했다.

처음 와 본 낯선 거리, 큐빅처럼 엮어진 골목, 비슷비슷한 건물과 인파에 묻힌 곳에서 주어진 자유시간. 행여 길을 잃을세라 멀리 가지도 못하고 주변만 맴맴 돈 일행들. 이게 자유시간인가? 달갑지 않았지만 새로운 에피소드 하나 던져준 침사추이였다.

정감 있는 콜로안빌리지

'콜로안빌리지'다. 마카오 콜로안섬 남쪽에 위치한 작은 마을이다. 이곳은 영화 '도둑들'의 촬영지였던 레스토랑(작은 식당)이 있다. 한적하고 깨끗하여 관광보다 조용히 쉴 곳을 찾는 이라면 힐링이 될 만한 곳이다. 홍콩의 스탠리와 비슷했다. 여기에도 에그타르트로 유명한 '로드 스토우 베이커리'가 있다. 체인점이 많지만 이곳이 원조라고 한다(믿거나 말거나). 겉은 바삭하고 속은 알맞게 익어 달콤하고 부드러웠다.

콜로안빌리지의 상징인, '성 프란시스코 사비에르 성당'으로 향했다. 바로크 양식의 노란색 건물과 세나도 광장에서 본 물결무늬(깔사다)가 압권이었다. 양쪽에 늘어선 낡은 가게들은 거의 문을 닫은 듯했고 성당과는 대조되는 풍경이다.

안으로 들어갔다. 이 성당은 1928년 프란시스 사비에르 신부의 유골을 안치하기 위해 만들어졌는데, 지금은 다른 곳으로 이장되었다고 한다.

지금도 순례자들이 많이 찾고 있으며, 우리나라 최초 가톨릭 신부였던 김대건 신부도 이곳을 찾았다고 한다. 갓과 두루마기를 입은 김대건 신부님의 조각상이 보여 반가웠지만 너무 조잡하게 해 놓아서 안타까웠다(작은 장난감 인형 같았음).

  성당을 나와 마을 골목길로 들어섰다. 인적이 드물어 관광지라는 느낌이 들지 않았다. 옆집으로 마실 가듯 천천히 걸었다. 한 사람이 겨우 지나갈 좁은 골목. 담쟁이덩굴로 뒤덮인 벽돌집과 아치형 대문, 잘 가꾼 화분들이 가지런한 정원은 1970년대 내가 살던 그곳과 비슷했다. 밥 먹고 놀아라고 소리치는 엄마의 모습이 금방이라도 나타날 것 같았다. 지나가다 강아지를 씻기는 모습이 보였다. 강아지도 주인 남자도 행복해 보였다. 고향에 온 듯한 착각으로 한 걸음 한 걸음 느리게 걸었다. 콜로안빌리지는 나의 데자뷔였다!

콜로안빌리지의 한적한 강변에서

내 카드, 어딨지?

무엇을 사기 위해 핸드폰 케이스에 꽂힌 카드를 찾게 되었을까? 정확한 이유는 모르겠지만 어쨌든 카드가 없어진 것을 알게 되었다. 이후부터 관광에 대한 관심은 사라졌다.

'도대체 카드가 어디 갔단 말인가?'

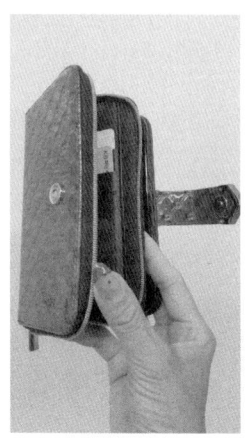

주어진 자유시간. 모두 쇼핑을 하러 갔지만 가이드 곁에 남아서 카드 걱정을 했다. 여행하는 동안 카드를 쓴 일은 없었다. 쇼핑을 하더라도 현금으로 했으며, 핸드폰 케이스를 여는 것도 사진을 찍거나 앨범을 확인하기 위해서였다. 이중으로 된 케이스를 열고 그 속에 있는 지퍼를 열어 카드를 꺼낼 이유가 없었다. 그런데 카드가 없어진 것이다. 혹, 기사 아저씨가? 가이드는 단박에 그런 일은 절대 없을 거라고 했다. 맞다. 남을 함부로 의심하는 것은 아니다. 머릿속은 초토화되어가고 있었다. 분실물을 돌려주는 문화의식이 낮다는 홍콩, 누군가 내 카드를 주웠더라도 돌아올 리 없었다(인도에서 새 카메라 잃어버렸는데 영원히 돌아오지 않았음). 그나마 다행인 것은 카드 사용 내역이 내 폰으로 들어온다는 것이었다. 아직 사용 내역은 들어오지 않았다. 그렇다면 여행 시작하기 전부터 카드가 없었을 가능성이 컸다. 생각해보니 여행 전날 집으로 배달 온 족발 값을 딸이 내 카드로 계산한 것 같은데 돌려받은 기억이 없다. 그렇다면 딸이?

'여보, 어제 정은이가 내 카드로 계산한 것 같은데 어디다 두었는지 물어봐줘요.' 남편에게 문자 했다. 답변을 기다렸지만 좀체 오지 않았다. 안절부절. 여행의 맛은 이미 최저점으로 떨어진 상태다. 세 시간쯤 지나자 문자가 왔다. '당신 카드 정은이 바지 주머니에 있어.' 카드를 찍은 사진까지 보내왔다.
 역시 근심, 걱정은 여행의 최적의 방해물이다. 근심과 걱정거리는 집에 두고 오되, 여행을 시작했다면 생각하지 말자!

윈 펠리스(Wynn Palace) 호텔 분수 쇼

분수쇼를 기다리며 설레는 내 모습

윈 펠리스 호텔에 일찌감치 도착했다. 분수쇼 시간까지 여유가 있어 곤돌라를 타고 호텔 외부를 구경했다. 타임캡슐처럼 생긴 곤돌라는 분수 위를 한 바퀴 돌아 호텔 입구에서 정차했다. 곧바로 실내로 통하는 에스컬레이터가 나왔다. 조화로 꾸며놓은 에스컬레이터 벽과 천장, 양쪽은 거울로 세팅되어 천국으로 들어가는 것 같았다.

붉은색 바탕에 금박을 입힌 장식이 많고 모서리마다 색색깔의 소품들로 화려했다. 동화 속에 나올법한 실내는 번쩍번쩍, 반짝반짝했다. 토이랜드에 온 것 같기도 했다.

최고의 걸작은 예상치 않았던 화장실이었다. 음식을 먹어도 될 만큼 청결하고 고급스러웠다. 칸칸마다 액자그림이 걸려있고 금박의 손잡이와 휴지걸이, 작은 세면대와 기다란 반신 거울이 있었다. 모든 걸 한 칸 안에서 해결할 수 있었다. 천장도 높고 분장실을 연상케 하는 조명 거울은 해우소(解憂所) 안을 필요 이상으로 화사하게 비춰주고 있었다. 언젠가 럭셔리한 손님으로 이곳에 오리라 꿈꾸며 호텔을 나왔다.

노래와 함께 분수쇼가 시작되었다. 애잔하게 흘러나오는 곡에 맞춰 작은 물결이 일면서 분수가 조심스럽게 올라왔다. 하얗게 올라오는 분수는 적당히 일렁이며 춤을 추더니 클라이맥스에 이르자 붉은색, 연두색, 파란색으로 변하면서 호텔 높이 만한 물줄기를 뿜어냈다. 여기저기서 감탄사가 나왔다. 전율이 일며, 몸이 공중으로 붕 떴다 물속으로 떨어지기를 반복했다. 마치 분수가 온몸을 뒤틀면서 눈물을 흘리는 것 같았다. 젖어드는 기분을 달랠 시간도 없이 두 번째 곡이 흘러나왔다. 〈타이타닉〉 주제가였다. 노래가 시작되자 숨이 멈춰졌다. 뭔가에 얻은 맞은 듯 멍해지며 흥분과 함께 떨려왔다. '이래도 되는 것일까?' '이렇게 아름답고 황홀한 시간을 만끽해도 되는 걸까?' 느닷없는 올라오는 고마움. 노래 선율과 분수의 부드러운 율동은 시간과 함께 촉촉이 젖어갔다. 이 순간이 깎여간다는 것이 마냥 안타까웠다. 영원히 이대로였으면……

카지노 해봤니?

베네시안 리조트 내 카지노. 삼엄한 경계.
촬영 금지.
말만 들었던 카지노 입구에는 검은 정장을 입은 남자들이 지나가는 사람들 마음속까지 엑스레이를 찍듯 체크했다.
우리가 간 곳은 '빠징코'였다. 만 원을 투입구에 넣고 벨을 눌러 같은 그림이 연속해서 나오면 보상금이 나오고 아니면 만 원에서 삭감해가는 것이었다. 모두 카지노 첫 경험자들이어서 벨을 누르는 것조차 서로에게 미루었다. 베팅한 만원은 몇 분도 안 돼 바닥이 났다. '돈 먹는 기계(?)'였다. 한 번 더 하면 잘할 것 같아 만 원을 또 집어넣었다. 역시 '돈을 아주 잘 먹는 기계'였다. 미련 없이 자리를 떴다. 그냥 조용히 한 바퀴 돌았다. 어딘가에 빠져있는 눈빛들. 한탕의 주인공이 되고자 하는 질릴듯한 분위기가 싫어 얼른 나왔다. 입구에 선 검은 정장들이 이젠 무섭지 않았다. 2만 원을 보태주고 나오는 당당함이라고 할까? 이래 봬도 나도 게임을 맛본 사람이야!

베네시안 리조트

이렇게 지루할 수 있는가? 살 것도 없고, 궁금한 것도 없고, 볼 만한 것도 없고, 똑같은 구조로 된 몰을 끝없이 걸어야 하는 것은 곤혹이었다. 이때만은 나 자신을 한탄했다. '쇼핑을 좋아했더라면…….'

베네시안은 쇼핑의 천국이었다. 세계에서 가장 크다는 아부다비 쇼핑몰과 비교할 순 없지만 그곳과 다른 점이 있었다. 첫째는 진짜 하늘처럼 그려진 천장이다. 청명한 파랑 바탕에 하얀 구름들이 동동 떠 있는, 영락없는 자연 하늘이다. 밖이 어두워도, 비가 오고 눈이 와도 이곳 하늘은 늘 이렇게 맑고 화창하다. 이런 하늘을 언제쯤 보았던가? 미세 먼지로 하늘의 실체를 잊고 있는 우리에겐 반갑고 고마운 얼굴이었다(미세먼지와 황사가 심했을 때였음). 시간이 멈춰진 곳이다(하지만 눈치챌 수 없을 만큼 조금씩 어두워지고 있었음).

두 번째는 쇼핑몰 가운데를 흐르고 있는 강이다. 두바이 쇼핑몰의 상징이 큰 폭포와 아쿠아리움이라면 베네시안은 코발트빛 강과 노란색, 황금색의 곤돌라와 체크무늬 티셔츠에 빨간 띠를 두르고 밀짚모자를 쓴 곤돌라 몰이꾼이다. 인공으로 만든 강과 곤돌라의 조화는 한 폭의 그림엽서다. 사진 속의 하늘과 강은 실물처럼 감쪽같다. 몰이꾼은 가끔 노래를 불렀다. 쇼핑몰 천장을 돌아 나오는 세레나데는 여행으로 지친 이들의 몸과 마음을 나긋하게 감싸주었다.

두 시간쯤 걷다 보면 어느새 제자리에 돌아오는 원형의 쇼핑몰이지만 계속해서 걷고 있으면 직진하고 있다는 느낌이다. 얼마나 컸으면.

같은 풍경과 폐쇄된 공기는 처음의 들뜬 기분과 달리 점점 지쳐갔다. 쉬어갈 만한 곳이 보이지 않아 어쩔 수 없이 계속 걸었다. 몇 십분 더 걸어가니 벤치가 보였다. 신발과 양말을 벗고 의자 위에 올라가 가부좌를 틀고 앉았다. 그제야 살 것 같았다. 지나가는 누구도 내게 관심을 보이지 않았다. 나 또한 그들을 의식하지 않았다. 수첩을 펼치고 자세를 잡았다. 그제야 나를 만나고 있는 느낌이 들었다. 수첩에 뭔가를 긁적였다.

'쇼핑 천국? No. 미친 쇼핑이다!'

내 에코백?

인천공항에 도착. 평소와 달리 그이가 마중 나오지 않은, 외로운 귀국이다. 출구로 나와 리무진을 타기 위해 매표소로 향했다.

구리 쪽으로 가는 리무진이 30분마다 있었다. 홍콩에 비해 쌀쌀한 기온을 견디며 20여 분을 서 있으려니 몸이 얼 것 같았다. 버스가 왔다. 캐리어를 짐칸에 넣은 후 버스에 올라 좌석번호를 확인하며 작은 짐을 의자 위로 내리려는데 어깨 쪽이 썰렁했다. 어깨에 아무것도 없었다. 분명 매고 있어야 할 에코백이 없었다. 이게 뭐지? 차는 서서히 움직이기 시작했다. 내 에코백?

"아, 어떡하지? 내 에코백. 어떻게 해요?"

"아줌마 어떻게 하실 거예요? 내리실 겁니까? 아니면 가방을 포기하고 가실 겁니까?"

버스 안 손님들은 일제히 나를 향했다. "아저씨, 다음 차 탈게요. 얘기 좀 해주세요." 버스에서 내려 짐칸에 깊숙이 들어간 캐리어 꺼냈다. 버스는 냉정하게 출발했다.

아득해진 정신으로 무의식적으로 떠오르는 화장실을 향해 달렸다. 출구에서 바로 갔으니 위치상 C와 D 사이의 화장실이다. 캐리어 바퀴가 빠질 듯 굴렀고 나의 모습은 정신 나간 상태였다.

먼저 C 쪽 화장실로 갔다. 제일 안쪽 모자보호 칸으로 갔다. 40분 전, 들어왔던 곳이다. 앉아서 볼일을 보며 문 쪽 고리에 에코백을 걸어놓고 잊지 말아야지, 다짐했던 기억이 났다. 그런데 문 쪽 고리에는 아무것도 없었다. 가방을 어디에 두었다는 것인가. 누군가가 벌써… 그래도 D 쪽 화장실에 가보는 게 좋을 것 같았다. 일말의 기대를 걸며 왼쪽 편 모자보호 칸으로 갔다. 문 쪽 고리와 변기 뒤편 선반에 아무것도 없었다. 역시나. 에코백에 있는 물건들이 외쳐대는 것 같았다. 딸에게서 빌려 온 충전기, 여행을 기록한 수첩과 일정표, 선물 받은 접이식 부채, 여행 내내 갖고 다녔던 무릎담요와 베스트 프랜드 '얌이'를 생각하니 미칠 것 같았다.

　그러나 어쩌랴. 에코백이 없어진 건 분명했고 현실을 받아들일 수밖에 없었다. 고개를 들고 멍하니 있자니 그제야 분실물 신고센타가 생각났다. 지하로 내려갔다. 데스크에 앉아있는 아가씨에게 에코백처럼 생긴 분실물이 없냐고 물었다. 곧바로 들이대는 나의 태도가 어이없다는 듯 신고서를 작성하고 기다리라고 했다. 가슴이 타들어가는데도 분실물로 들어온 것은 아직 아무것도 없다며, 덤덤하게 말했다. 신고서를 작성했지만 집으로 돌아갈 순 없었다. 안절부절 서성이고 있으려니 30대 초반의 여자가 센타로 들어왔다. 자신의 분실물을 확인하면서 나를 향해 한마디 했다.

　"분실물을 신고하셨으면 댁에 가서 기다리세요. 저도 어제 분실 신고를 했다가 오늘 연락받고 왔어요. 여기에 분실물이 도착하면 연락이 갈 테니 그냥 댁에서 기다리는 게 편할거예요."

일말의 희망은 아직 있었다. 공항 안에서 몇 시간 대기했다 가기로 작심하고 센터를 나왔다. 무참하게 버려진 얌이와 에코백에 담긴 물건들에게 미안했다.

나의 여행 동반자 에코백과 캐리어

'이왕 이렇게 된 김에 갔던 곳을 한 번만 더 돌아보자.'
다시 화장실로 향했다. C 쪽 화장실 확인. 없었다. 청소하는 아주머니조차 보지 못했다는 대답만 듣고 나왔다. D 쪽 화장실. 없었다. 당연하다 생각하며. 화장실을 나오다 오른편 거울을 자연스레 쳐다보게 되었다. 풀이 죽은 나의 모습. '한심한 것'. 얼굴을 돌리려는데 화장대 모서리에 뭔가가 보였다. 익숙한 색감과 실루엣, 부피감으로 구석진 벽에 비스듬히 기대고 있는 그것. 미색 천에 영국 빅뱅이 수놓아진 나의 에코백이었다. 이제 눈에 헛것까지 보이나 싶어 눈을 감았다 떴다. 에코백이 그대로 보였다. 가까이 다가가 조심히 가방끈을 잡았다. 단단한 매듭이 느껴졌다. 지퍼를 열고 안을 들여다보았다. 얌이가 동그란 눈으로 나를 올려다보고 있었다. '왜 이제야 왔어요?' 얌이를 끌어안았다. 참았던 눈물이 왈칵 쏟아졌다.

　재회의 기쁨도 잠깐. 시계를 확인하니 구리로 가는 다음 리무진을 3분 남겨놓고 있었다. 에코백을 어깨에 두르고 짐을 확인했다. 하나, 오른손의 캐리어. 둘, 왼쪽 어깨의 에코백. 셋, 크로스가방. 넷, 가슴에 안은 얌이. 이 대식구를 데리고 또 한번 미친 듯 뛰었다. 하지만 나의 얼굴은 세상 다 가진 여자처럼 활짝 웃고 있었다.

6
이집트, 요르단

피라미드, 스핑크스, 이집트박물관, 왕가의계곡, 멤논, 핫셉수트장제전, 카르낙·룩소신전,
페트라, 와디럼, 사해, 예수님세례터, 시험산, 갈릴리호수, 오병이어교회,
베드로수위권교회, 가버나움, 베들레헴, 예루살렘, 감람산, 예수승천교회

인샬라, 이집트

이집트 카이로에 도착했다. 후루스가 새겨진 항공기들이 낯선 이방인을 맞는다. 팔목에 찬 아날로그시계의 시간을 맞춘 후(한국보다 8시간 늦음) 시내로 향했다.

'여기가 이집트?' 빵빵거리는 클랙슨과 무질서한 도로 주행. 대중교통 수단인 미니밴(자동 합승, 무단 하차 등 손님이 원하는 대로, 기사 마음대로 서고 출발함)과 질주하는 택시는 인도의 여느 낡고 방치된 도시를 떠올리게 했다. 성한 구석이 없는 폐차 직전의 자동차들, 도로 주변의 황토색 주택들은 미완공 된 채 철근들이 삐쭉삐쭉 올라와 있었다. 도시 자체가 폭격을 맞은 듯했다.

'이게 뭐지?' 고대 문명을 일궈낸 도시답게 도도하고 고전적인 분위기일 줄 알았다. 신호등, 중앙선을 만들고 인도와 횡단보도의 구분이 귀찮아서 지금의 이 상태로 있다는 게 너무 어이가 없었다. 설마 하는 의심도 들었지만 그게 아니면 달리 이유도 없었다. 도대체 왜? 실망스럽기도 했고 안타깝기도 했다.

이집트에 대한 이미지가 여행 시작 전부터 이래야 한단 말인가. 이집트의 대명사인 '인샬라(되는대로 살자, 신의 뜻대로)'가 결코 좋게 해석되지 않았다. 또 다른 'no problem'이었다.

교통질서가 전혀 없는 대로

피라미드와 스핑크스

고대하던 피라미드와의 만남이다. 사진으로 보았던 피라미드가 보이기 시작했다. 아무것도 없는 황무지에 느닷없이 우뚝 세워진 피라미드가 생뚱맞으면서 놀라웠다. 멀리서 보면 붙어있는 세 개의 피라미드가 실제로는 제법 거리를 두고 있었다. 가장 큰 쿠푸(할아버지)와 카프레(아버지)는 일반인에게 공개되지 않아, 가장 작은 멘카우레(아들) 피라미드로 갔다. 무채색의 무미건조한 모습, 이게 전부였다. 바람과 모래 사이로 간간이 낙타 투어 관광객이 보이고 낙타 분비물 냄새가 진동했지만 왠지 피라미드와 잘 어울렸다.

피라미드 내부로 들어가기 위해 정육면체 바위를 딛고 올라갔다(피라미드는 온통 이런 바위들을 쌓아놓은 것임). 한 모서리가 어린 아이 키만 했다. 어떻게 이런 바위를 쌓을 수 있었을까. 바위 위에 올라 있어도 믿어지지 않는다. 멀리서 본 것과 달리 정육면체의 표면은 울퉁불퉁하고 모서리는 위험해 보였다. 사실 처음의 피라미드 외부는 마감재로 덮여 있어 매끄러웠다고 한다(카프레 피마리드의 꼭대기를 보면 마감재가 남아있음). 640년경 이슬람에게 정복당한 이후로 피라미드는 크게 훼손되기 시작했고 술탄 무하마드 알리는 피라미드 외벽을 뜯어 자기 성을 짓는데 썼다고 한다. 피라미드를 완전히 파괴하려고 했던 것이다.

피라미드 내부로 들어가는 입구는 등을 숙여야 겨우 들어갈 수 있었다. 외부 침입자와 도굴꾼들이 찾지 못하도록 한 것이다. 통로는 두 사람이 겨우 드나들 수 있게 죽 이어졌고, 옆으로 삐죽삐죽 튀어나온 바위는 위험해 보였다. 한참 들어가니 급경사가 나타났다. 70도쯤. 계단으로 되어 있지만 천장 높이가 낮아 밧줄을 잡고 기다시피 올라갔다. 무릎에 힘이 많이 들어갔다(다음날부터 며칠 동안 걸음이 불편할 정도로 무릎이 당겼음). 폭도 좁아 맞은편 사람들이 다 내려와서야 올라갈 수 있었다. 여기서 또 궁금했다. 어떻게 여기를 올라갔을까? 하기야 피라미드 자체가 온통 불가사의였다.

6 이집트. 요르단

내부는 어두운 데다 습도가 높아 안경이 거추장스러웠다(야맹증이 있어 안경을 벗을 수도 없었음). 얼굴은 벌겋게 올랐고 불편함은 짜증으로 나왔다. 아이고야~ 이곳이 나의 무덤이 되는구나!

피라미드 내부의 중앙 부분에 도착했다. 안내 등이 켜져 있었다(물론 올라오는 통로에도 전기불은 훤하게 켜져 있었음). 생각보다 넓은 공간이었는데 어떤 원리로 이 넓은 공간을 무너지지 않게 확보했는지. 돌로 만든 커다란 관이 있었다.

왕의 무덤은 아니었다(설명이 있었지만 듣지 못했음). 왕의 무덤은 아직 발견되지 않았다고 한다. 도대체 어디에 있는 걸까? 의문에 의문을 달고 다시 경사진 계단을 내려왔다. 무릎이 후덜거렸다. 기원전에 어떻게 이런 구조를 만들었는지, 아직도 궁금하다. 인샬라.

242　　　　　　　　　　　　　　패키지 여행, 싱글로 떠나자

왕가의 계곡

나일강을 기준으로 동쪽은 생명의 땅, 서쪽은 죽음의 땅이다. 왕가의 계곡은 서쪽에 위치했다. 람세스 4세를 시작으로 람세스 3세, 람세스 9세의 무덤 투어를 시작했다.

무덤 안의 구조는 비슷비슷했다. 벽화의 원리도 같았다. 인물 대부분 '정면성의 원리'[13]로 그려져 있고 호루스(망자를 안내함), 오시리스(저승의 왕), 토트(서기의 수호신), 아비누스 신이 나온다. 죽은 이의 심장이 깃털보다 가벼운지 무거운지에 따라 죄인을 판명하는 벽호도 있었다.

무덤의 주인공은 깃털보다 가벼웠을까, 무거웠을까, 미라와 인체 조각으로 죽음 이후에도 영원한 삶(미라, 인체 조각)이 있다고 하던 그들의 환생은 지금 어디에서 어떤 모습을 하고 있을까. 무덤 투어는 살아있는 우리 영혼마저 깃털처럼 가볍게 날리는 듯 혼미하게 만들었다(지하의 공기 탓인지 더위 탓인지 어지러웠음).

비슷비슷한 무덤 중 유독 작고 평범한 무덤을 지나쳤다. 이곳이 바로 투탕카멘의 무덤이다. 무덤은 공개하지 않았다. 도굴의

---

13) 정면성의 원리 : 고대 이집트인이 사람을 그릴 때 얼굴은 옆모습, 눈과 상체는 정면, 다리는 걸어가고 있는 측면을 그림. 보이는 대로 그리기보다 그 사람의 본질을 가장 잘 나타내도록 했음. 신분이 높은 사람에만 적용했음.

위험 때문인 것 같았다(다른 무덤 크기에 비해 1/6. 대부분 무덤은 도굴되었지만 투탕카멘은 다행히 도굴되지 않아 이집트 박물관에서 볼 수 있게 됨).

무덤 중 가장 화려한 네페르타리(람세스 2세의 부인)무덤으로 갔다. 인원수를 제한하고 있었다. 사람의 체온이나 입김 때문이란다. 무덤 크기는 다른 곳에 비해 작았지만 벽화의 색채가 살아있고 그림 보존이 확실히 좋았다.

다른 곳보다 입장료가 비싼(10배) 이유가 있었다. 구하기 힘든 푸른색 물감의 벽화들이 찬란하게 빛을 발하고 있었다(푸른색 물감은 당시 아프가니스탄 지역에서만 나오는 라피스 라줄리로 청금석이라고 하며 푸른 보석이었다고 함). 정기적인 채색과 관리에 신경 쓰는 것 같았다. 눈을 크게 뜨고 세심하게 훑었다.

네페르타리를 얼마나 사랑했으면 이렇게까지 보존하려 했던 걸까. 한 여인을 이토록 열정적으로 사랑하는 람세스가 궁금했다.

그리고 네페르타리의 매력은 무엇이었는지도 궁금했다. 그녀는 5개 국어에 능통했으며, 무역과 관련된 분야에 비상한 머리를 지녔다고 한다. 역시 차원이 다른 것 같다(침묵!).

카르낙 신전

카르낙 신전에 도착했다. 입이 딱 벌어졌다. 어떻게 이것을 만들었을까?

현존하는 신전 가운데 최대 규모로 기원전 2000년부터 건립되기 시작했다. 오랫동안 모래에 파묻혀 있던 신전의 모습이 드러나자 도굴꾼들은 좋은 먹잇감처럼 마구 파헤치기 시작했다. 사태의 심각성을 깨달은 이집트는 카르낙 담당 부서를 설치한 후 보수와 발굴에 혼신을 지금껏 쏟고 있지만 엄청난 넓이와 여러 사정으로 아직 전체의 10%밖에 발굴되지 않은 상태다. 거기에 신전 지하에는 큰 수맥이 흐르고 있어 점점 무너져가고 있는 실정이다.

신전의 크기는 상상 그 이상이었다. 성인 남자 열 명이 손을 잡아야 하는 굵기의 열주는 계단을 만들어가면서 올렸다고 하는데, 높이가 약 23m(6층 건물 높이), 134개이며 그 세월이 1500년(?)이라고 한다. 원래는 지붕이 덮여있고 돌로 만든 창문을 통해 빛이 들어왔을 것이라고 하는데, 다행히 창문 형태는 보존되어 있었다. 이집트인은 돌로 못 하는 일이 없을 정도의 놀라운 석재 가공능력을 지녔다. 아직도 그 비법이 전해져 오고 있으며,

돌의 결을 볼 수 있다고 하니, 이집트인들을 다시 보게끔 했다.
위대한 이집트인이여, 그 옛날의 영광을 다시 누리소서!

마차투어

날이 어두워졌다. 룩소 신전의 야경을 보기 위해서는 더 어두워져야 한다. 그간 마차투어를 하기로 했다. 룩소 재래시장으로 갔다.

말 위에서 내려다본 룩소의 야시장 풍경

마차는 2~3인 1조로 열 세대가 대기하고 있었다. 부부 일행과 함께 올랐다. 마차는 어린 미소년이 몰았다.

현재 나이 15세. 경력 5년, 이름은 쌤. 말의 이름은 모니카, 말 나이 10살. 나는 앞자리에 앉고 일행 부부는 뒷자리에 앉았다.

마차는 재래시장의 중심부와 주변을 한 바퀴 빙 돌았다.

바나나 꾸러미가 천장에 대롱대롱 매달린 과일가게, 식재료가 나란히 잘 정리된 곡물가게, 야광등에 반들반들 빛을 발하는 싱싱한 야채, 한잔 걸친 듯 흥청거리는 유흥상가들, 바퀴가 주저앉을 듯 물건이 잔뜩 올려진 리어카, 야시장을 구경하는 가족, 주인과 흥정하는 손님 등.

생닭을 팔고 있는 곳도 보였다. 어린 시절 시장에서 보았던 풍경이다. 몽글몽글 솟아오르는 그리움과 추억, 낡은 골목길, 친구들, 엄마가 부르는 소리, 탱자나무, 닭똥 냄새. 그때가 떠올랐다. 묘한 감정이었다.

마차투어는 애초 계획했던 시각보다 더 걸렸다. 처음엔 추웠지만 내릴 때쯤은 추운 줄 몰랐다. 열기를 올려준 미소년 조련사. 침착하고 성실해 보이는 쌤에게 팁을 아끼지 않았다.

'여자 같은 이쁜 남자아이야, 지금처럼 열심히 살아라~!'

쓰레기마을교회(콥틱교회)

쓰레기마을교회로 출발했다. 마을에 들어서는 순간, '어쩜 이렇게 더러울까? 여기서 어떻게 지내지?' 참을 수 없는 냄새와 불결함에 토할 것만 같았다. 그런데 그 속에서 웃으며 과자와 음료를 팔고 빵을 구워 나르고 있었다. 도대체 이들이 누구인가?

이들은 빈민층으로, 이집트 쓰레기 80%를 처리하고 있다. 하루 수입은 100파운드(약 6,300원). 모두 기독교(콥티교)인이며, 기독교인이어야만 이곳에 들어올 수 있다. 그렇다면 왜 이곳에서? 이집트는 90%가 이슬람교이고 10%가 콥티교인들이다. 이슬람교로부터 당연히 탄압을 받을 수밖에 없는 처지이고, 먹고 살 방법은 쓰레기를 받아들이는 것뿐이었다. 나라에서는 처치 곤란한 쓰레기를 처리해 주는 대신 그들의 종교를 허락했다. 쓰레기더미 사이로 보이는 그들의 표정은 건강하고 밝았다.

쓰레기 골목의 코너를 돌자, 놀라운 풍경이 나왔다. 여기에 어떻게 이런 곳이? 신세계였다! 계속된 의문과 감탄사가 나왔다. 커다란 벽화, 정갈한 교회가 우릴 맞았다. 쓰레기 마을과는 너무 대조적이다. 교회와 쓰레기마을에는 비밀스러운 이야기가 숨겨져 있는 듯했다. 가이드가 수신기를 준비하라고 한다. 아뿔싸!! 수신기가 작동을 안 했다. 방전이다. 스위치를 'ON'으로 한 채 잠든 것이다. 가이드의 설명은 포기하고 눈에 담았다. 바위 아래에 만들어진 예배당과 절벽에 그려진 성화, 지하 경사로를 대공연장처럼 지어진 교회는 자연환경을 그대로 이용하고 있었다. 소박했지만 성스러웠다. 대형 스크린, 천연색을 입힌 예수 벽화, 물병을 지고 있는 베드로의 조각상. 계단식 좌석(약 2천 명 정도 수용)과 아래에서 올려다본 삼각형 하늘은 그야말로 예술이었다. 수많은 핍박과 엄청난 쓰레기며 험난한 노동 속에서도 식지 않은 그들의 믿음과 기도가 얼마나 절실했을까 싶다. 잔잔하게 올라오는 그들의 신심에 존경을 보낸다.

쓰레기마을. 세상의 쓰레기를 담을 줄 아는 마을, 그 안에 고요하고 성스럽게 피어난 꽃, 그곳이 쓰레기마을교회였다.

칼 카릴리 바자르의 거래

그 나라의 문화를 알려면 전통시장을 가보라고 했던가. 카이로의 유명한 전통시장 칼 카릴리 바자르로 갔다. 혼잡, 그 자체였다.

양쪽으로 죽 이어진 가게에는 총천연색의 모자와 양말, 장신구, 액세서리, 전통의상을 입은 마네킹으로 가득했다(옷들이 전부 어린 마네킹, 어른 마네킹에게 입혀져 마네킹 홍수 속에 있는 듯했음). 현란한 무늬의 히잡과 스카프, 가게와 가게를 이은 양탄자, 구운 옥수수를 파는 리어카(주인이 담배를 피우고 있어서 위생상 zero) 등. 머리 위에는 바지를 입힌 하반신 마네킹들이 줄에 대롱대롱 매달려 위태롭고도 민망했다.

중간중간 샛길이 많아서 출발지점을 찾기 힘들 것 같아 가던 길을 그대로 돌아 나왔다. 나오는 길에 기념품으로 피라미드 세트를 사려고 마음먹었다. 종류가 많아 고르기가 쉽지 않았다. 너무 커도, 너무 무거워도 곤란했다. 중간치로 가격은 9달러다. 무조건 반으로 깎아라는 말이 생각나서 깎았다. NO 했다. 가게를 나가려 하자 자세를 낮추며 조건을 제시한다. 5달러에 줄 테니 볼펜을 요구했다. 볼펜? 웬 볼펜? 아무튼 피라미드 세트를 5달러와 볼펜 하나로 거래했다. 볼펜은 다른 일행이 자신의 것을 대신 주었다(볼펜이 여러 개 있어 하나를 주셨음).

이집트 사람들이 한국인을 부러워하는 두 가지가 있다. 색 볼펜과 보조배터리다. 흔히 삼색 볼펜으로 검정, 빨강, 파란색이지만 요즘은 핑크, 노랑, 초록, 보라 등 24색이 넘는다. 이집트에는 아직 색 볼펜이 드물다. 어째서? 검은색 대신 다른 색을 넣으면 될 것 같은데. 아무튼 누구에게는 흔한 것이지만 누구에겐 귀한 것이 있다. 가게 주인은 가격을 깎아서라도 검정 볼펜을 원했다. 그렇게 구입한 피라미드는 나의 거실에서 이집트 여행의 한 때를 떠올리고 있다. 가게 주인아저씨, 볼펜을 잘 쓰고 있는지.

쉽게 만나주지 않는 페트라

암만에서 페트라는 세 시간. 끝없는 평원으로 이슬비가 내리고 있다. 모든 게 물거품이 되는 듯했다. '이런 날씨 속에서 과연 페트라를 볼 수 있을까?'

말이 씨가 된 걸까, 굵어진 비와 거센 바람이 발길을 막았다. 최악이다. 우산을 썼지만 온몸은 이미 물 폭격을 당하고 있었다. 그러나 누구도 오늘 일정을 말리거나 불평하지 않았다. 우리는 사명(?) 의식으로 빗속으로 나왔다. '피할 수 없으면 즐겨라!'는 말이 딱 들어맞았다.

페트라 입구. I♥PETRA가 인상적임

페트라는 '바위의 도시'다. 구약에서는 '에돔의 셀라'라고 지칭하고 있다. 그리스어로 '바위', 히브리어로도 '바위'를 뜻한다. 이곳은 모세와 일행들이 애굽을 탈출하여 약속의 땅, 가나안으로 향하던 통로였다.

BC 7세기 무렵 유목생활을 하던 나바테아인이 페트라를 중심으로 정착하면서 나바테 문명이 세워졌다. 나바테아인은 아랍계 유목민으로, 사막의 붉은 사암 덩어리로 이루어진 거대한 바위 틈새에 도시(페트라)를 건설한 후 생활하였다. 이곳은 극장과 온수 목욕탕, 상수도 시설까지 갖춰져, 현대 도시 못지않았다고 한다. 1812년 탐험가 부르크하르트가 발견, 그의 여행기를 통해 페트라가 유럽에 알려지게 되었다.

이곳은 세계 7대 불가사의의 하나며, 1985년 유네스코 세계문화유산으로 지정되었다. 페트라를 '영원의 절반만큼 오래된, 장밋빛 같은 붉은 도시'라고 노래했고, 스티븐 스필버그 영화 "인디아나 존스-마지막 성배(1989)"의 촬영 장소로 유명하다. 페트라에 얽힌 사연만 들어도 빨리 만나고 싶었다. 페트라로 가는 초입은 이집트 왕가의 계곡처럼 마른 들판과 원시시대를 방불케 하는 거칠고 바랜 바위뿐이었다.

협곡은 생각보다 길었다. 가는 길 중간마다 휴게소 같은 곳도 보였다. 천막 아래 허름한 좌판에는 기념품 될만한 액세서리를 팔고 있었고 노천에는 거둬들이지 않은 스카프들이 비바람에 휘날리고 있었다. 왜 안 거두는 걸까. 자연 그대로 두는 게 그들의 사고방식인가.

신발 속은 이미 물바다다. 움푹 파인 도랑에도 빗물이 콸콸콸 내려가고 있었다. 협곡 사이의 물이 순식간 불어나 몇 년 전 관광객이 익사했다고 한다. 제발 페트라를 볼 수 있기를…….

또 다른 협곡 입구에 도착했다. 이제 조금만 가면 되겠구나 싶었는데 야무진 꿈이었다. 걸어도 걸어도 끝나지 않았다.

'와우!'

앞서가던 사람들 입에서 감탄사가 나왔다. 드디어. 협곡 사이로 페트라의 한 귀퉁이가 조금씩 보이기 시작했다. 두근두근.

'아, 이럴 수가!'

페트라가 눈앞에 있었다. 큰 덩치로 나를 안아준다. 사모하던 페트라. 눈물인지 빗물인지.

정신을 차리고 보니, 일행은 여기저기 흩어져 사진을 찍고 있다. 추천하는 포토존에는 다른 여행사 관광객들 마저 줄을 서는 바람에 줄이 길게 이어졌다. 나오는 길에 찍기로 하고 페트라에서 좀 더 들어간 협곡을 구경했다. 눈으로 보고 있어도 협곡은 여전히 그림처럼 멀고 아득했다. 그저 신비로울 뿐이었다.

협곡 구경을 한 후, 이제 페트라의 장엄함을 제대로 담을 차례였다. 포토존으로 갔다. 페트라의 반대쪽 바위 모퉁이에 올라가서 페트라를 쳐다보며 팔을 뻗었다. 페트라가 워낙 커서 한 화면에 담기가 힘들었다. 페트라가 뚝뚝 잘려 나갔다. 또 한 번, 다시 한 번, 딱 한 번, 마지막 한 번, 결국 페트라와 나란히 있는 모습은 담지 못하고 말았다. 서운하고 안타까웠지만 페트라만 찍은 사진으로 만족해야 했다.

협곡 입구에 도착하니 강수량이 급격하게 불어나 출입을 통제하고 있었다. 아슬아슬하게 만난 페트라였다. 그래서 아쉬움과 그리움이 더한 걸까.

'페트라여, 맑은 날 너를 다시 만날 수 있기를. 그땐 나를 제대로 안아주렴.'

와디럼, 베두인 전통 바비큐

얼마나 잤을까. 눈을 뜨니 이미 사막에 들어서 있었다. 그런데 웬걸? 사막 입장권이 있었다. 물론 버스 운전기사와 가이드가 알아서 하겠지만 별스러웠다. 사막에 입장권이라니. 간간이 마을도 보이고 큰 도로도 있어 생각보다 문명의 이기가 많이 들어와 있었다. 버스는 더 깊은 사막을 향해 계속 달렸다.

사막 한가운데 위치한 와디럼에 세워진 캠프장

황혼이 내릴 때쯤 와디럼에 도착했다. 기형적인 바위와 모래, 20-30개의 텐트 외에는 아무것도 보이지 않았다. 오늘 일정은 여기서 끝이다. 말로만 듣던 사막야영을 한다.

텐트를 배정받았다. 룸 109호. 침대 3개. 샤워장, 변기 시설도 갖추어져 있다. 룸메이트는 아들, 남편과 함께 야영하겠다고 알려왔다. 사막에서 나 홀로? 나이스!

짐을 풀고 저녁을 먹으러 갔다. 메뉴는 베두인 전통 바비큐다. 건장한 두 남자가 움푹 파인 구덩이에서 달군 숯을 헤치더니 뭔가를 끄집어 올렸다. 둥근 원통이다. 뚜껑을 열자 익은 고기 냄새가 퍼졌다. 각종 채소와 양고기, 수프를 넣고 숯불에 1시간~1시간 30분 정도 천천히 익힌 바비큐다. 양고기는 아주 부드럽고 향이 은은했다(여행에서 먹은 고기 중 가장 부드럽고 맛있었음). 양고기는 리필로 맘껏 먹을 수 있었다. 기다란 나무 식탁과 의자, 천막 천장과 바비큐는 캠프에 온 분위기를 자아냈다. 식사에 이은 커피 한 잔도 자연이 건네는 최고의 커피였다.

식사가 끝나자 자연스럽게 캠프파이어 가까이로 모여들었다. 모르는 사람, 오늘 처음 본 사람들이지만 같은 원통에서 나온 고기를 나눠 먹은 동료였다. 거리감 없이 하나 되어 춤을 추었다. 사막 한가운데에서 음악과 춤의 페스티벌이 열릴 줄 짐작이나 했겠는가. 축제는 자정 넘어까지 계속되었다. 이것이 여행의 묘미인가. 나는 정말 축복받은 사람이 분명했다.

소리가 끊어진 시간

109호. 문명의 소리가 사라진 공간에 혼자 남았다. 텐트를 스치는 바람 소리와 변기 뚜껑이 올렸다 내리는 소리, 샤워 소리, 볼펜 소리, 칫솔질하는 소리 등 내가 일으킨 잡음들이 잠깐씩 소용돌이쳤다 사라진다. 침묵을 깨는 이 잡음들마저 소중해진다. '얌이'마저 없었다면 어땠을까. 얌이는 동유럽 여행 때 산 고양이 인형이다. 녀석을 품에 안았다.

"얌이야, 넌 조용하다. 그치? 너와 나뿐이네."

소리가 사라진 곳에서 지내본 적이 없는 나다. 말이 없는 얌이는 경험치가 많은지 오히려 나를 안아준다.

동반자가 있다는 게 얼마나 고마운지 새삼스럽다.

시간이 얼마나 지났을까. 여전히 고요하다. 가끔 바람소리가 텐트 어딘가로 노크한다. 열어줄 수 없는 두려움과 들어올 수 없는 부재(不在)의 긴장감이 팽팽하게 맴돈다.

시간이 또 얼마나 흘렀을까. 마냥 무서울 것 같았던 걱정이 침묵 속에 서서히 녹아들며, 안온함이 채워진다.

우리는 알게 모르게 많은 소음 속에서 살아간다. 도로에서 멀리 떨어져 있어도 가끔 자동차 소리가 들려오고, 냉장고가 돌아가는 소리, 어항 속 산소기가 돌아가는 소리, 공기청정기 소리, 엘리베이터가 작동하는 소리가 들린다. TV 소리나 폰에서 나오는 음악과 강의 소리는 종일 우리의 귀를 맴돌고 있다. 이런 것에 익숙해 있던 일상에서 벗어나 '무음(無音) 체험'이다. 이것이 왜 두려웠을까? 공기를 마셔야 하듯 소리를 들어야 하는 것일까?

두꺼운 양탄자 위로 비닐을 두른 천장과 벽. 벽걸이 히터가 전부지만 밖이 영하의 날씨라는 것이 상상이 안 된다. 세 개의 침대에 놓여있던 담요를 끌어모은 후 하나는 침대 바닥에 깔고 두 개는 덮었다. 따뜻하고 포근하다.

'30℃'. 히터기의 숫자가 호위병처럼 밤새 지켜주었고 '슥슥' '쉑쉑' 모서리로 들어오는 찬 공기가 자장가가 되어주었다. 사막의 캠프, 자연의 속삭임을 제대로 들어 본 와디럼의 하룻밤이었다.

와디럼 지프 사파리

"와!"

감탄사가 절로 나왔다. 모래 세상. 자연이 빚은 작품이었다. 모래 바위, 모래 언덕, 모래 들판. 모래길. 사방이 주황빛이다. 나도 주황으로 물들고 있었다.

흩어졌던 이들이 하나 둘 모여들자 와디럼을 향해 출발했다. 본격적인 사막투어가 시작되었다.

와디 럼(Wadi Rum)은 암만에서 남쪽으로 320km 지점에 위치한 사막지대로 비가 오는 우기에는 강이 되지만 비가 내리지 않는 겨울에는 마른 계곡이나 땅이 되는 곳을 가리키는 아랍어다. 대략 3억 년 전 지각 작용에 의해 이루어져 아래층은 화강암, 그 위는 석회암, 가장 상부에는 사암층이다. 2011년 유네스코 세계 복합유산으로 지정되었다.

와디 럼은 시리아, 레바논, 팔레스타인 지역으로 가는 길목에 위치하여 오래전부터 아라비아 상인의 교역로 역할을 하였다. 당시 이들이 남겨 놓은 흔적들이 곳곳에 남아있으며, 그것을 다룬 영화가 〈아라비아의 로렌스〉(1962)다(감명 깊게 본 영화임).

끝없는 모래 세상. 모래 위 물결무늬 외에는 아무런 흔적도 없다. 일행이 만든 발자국만 하나, 둘 찍힌다. 지금까지 거쳐 간 수많은 흔적을 덮어버리고 우리에게 첫발자국을 선물한다. 처음일 것 같은 착각. 첫발자국을 소중히 찍어본다. 아베 코보의 〈모래의 여자〉가 떠오른다.

모래 구덩이에서 탈출하기 위해 모래언덕을 올라가다 넘어지기를 반복하던 준페이가 어디선가 걸어가고 있을 것만 같다. 모래바람을 대비해 스카프를 준비했지만 스카프가 무색하도록 바람은 일지 않았다. 어제 내린 비 덕분이다. 어제의 최악 조건이 오늘의 최상 조건이 되었다.

지프는 광활한 모래사막을 마치 길이 있는 듯 달렸다. 가끔씩 텐트촌이 나타나고 낙타와 원주민들이 지나간다. 길을 어떻게 찾아가는지, 신기했다.

저 앞으로 커다란 구멍처럼(구멍은 아니지만 달리 표현이 안됨) 보이는 거대한 바위가 보였다. '로렌스의 샘'이다. 바위 위에 또 다른 기다란 바위가 얹혀 있는데 멀리서 보면 마치 하나의 바위에 구멍이 뚫린 것 같다. 누가 먼저라고 할 것 없이 바위 위로 달려가 기념사진을 찍었다(인생 사진임).

협곡 사이로 텐트가 보였다. 휴게소인 듯했다. 안으로 들어가니 한쪽에 모닥불을 피워놓았다. 베두인이 차를 권했다. 붉고 새콤한 오디차다. 쌀쌀했던 터라 따뜻한 차와 모닥불이 고마웠다. 모두들 스카프로 머리를 둘둘 말고 선글라스까지 끼고 있으니 영락없이 원주민이다.

상대방에서 자신의 모습을 확인하며 다들 한바탕 웃었다. 여행이란 이렇게 망궈진 모습에도 즐겁다. 냉랭한 기운이 빠지고 따뜻한 온기로 채워지자 다시 지프차에 올랐다. 와디럼은 비슷비슷한 모습으로, 비슷비슷한 우리를 첫손님처럼 맞아주었다.

와디럼의 포토죤. 로렌스의 샘에서

요단강에서

예수님께서 세례를 받았다는 곳, 요르단강이라고 불리는 요단강에 도착했다. '겨우 이거야?'라고 할 정도로 소박했다.

요단강. 저쪽은 요르단, 이쪽은 이스라엘~

요단강은 팔레스타인과 시리아에서 발원, 이스라엘의 가장 중요한 수자원으로 갈릴레이 호수를 거쳐 사해로 흘러가는 강이다. 폭이 30m(좁은 곳은 육안으로 겨우 10m 정도), 깊이가 1m에 불과하지만 우기에는 폭이 최대 1.6km, 깊이는 3-4m까지 깊어진다고 한다. 역사적인 의미가 깃든 것에 비하면 너무 좁고 평범했다. 강 저쪽이 요르단이다. 폴짝 뛰면 건너갈 수 있을 것 같은데, 그 어려운 입국 수속을 밟아야 한다는 것이 아이러니했다(이스라엘 입국은 까다롭기로 알려짐).

구약성경에 모세가 하나님의 이름으로 이집트에서 노예생활을 하던 동포들에게 약속한 땅이 가나안(현재 팔레스타인)이며, 젖과 꿀이 흐른다는 가나안 땅의 젖이 바로 이 요르단강이다.

흔히 '요단강 건너가 만나리' 하는 말은 천국에 가서 (죽은 자와) 만난다는 의미로 쓰이고 있지만 사실은 '죽음'이 아닌 '천국'을 말한다. 예수님의 성령으로 만들어진 세상, 평화와 사랑이 가득한 세상을 뜻한다.

요르단강에는 관광객들이 끊임없이 드나들었다. 예수님이 세례받은 곳에는 정강이가 닿는 데까지 들어가 기도를 했다. 가이드가 그 앞에서 무릎을 꿇고 성경책을 펼쳤다. 낮고 잔잔한 목소리로 성경 구절을 읊었다. 그의 진지하고 숭고한 기도문 때문인지 다른 관광객들도 발걸음을 멈추고 기도했다.

인도인들이 갠지스강에 한 번 몸을 담가 보는 게 소원이라면 기독교인에게는 이곳, 요르단강에서 세례를 받는 것이 꿈이다. 요단강이 있다는 것 자체가 그들에겐 안식이요, 기댈 곳이요, 위안인 것 같다.

'요단강아~ 내 비록 그리스도인은 아니지만 네가 담고 있는 역사는 존경하리니, 희망과 축복을 전하며 영원히 흘러가길 바란다.'

사해(dead sea) 체험

이름도 유명한 '사해'에 도착했다. 사해는 이스라엘과 요르단에 걸쳐 있는 염호(鹽湖)다. 호면이 해면보다 395m 낮아 지표상의 최저점을 기록하고 있으며, 북으로부터 요르단강이 흘러들지만, 호수의 유출구는 없다. 거기에 건조기후로 유입수량과 거의 동량의 수분 증발로 염분농도가 높아 생물이 거의 살지 않는다. 그러나 해수에는 미네랄, 나트륨, 브롬 함유량이 높아서 류머티즘 환자에게 가장 인기 있고 해마다 많은 관광객이 찾고 있다.

사해 주변은 고대 문명, 특히 초대 그리스도교가 발생한 곳으로 구약성서에서도 사해가 '소금의 바다(Yam ha-Melah)'로 나온다. 이집트의 여왕 클레오파트라는 미용을 위해 정기적으로 사해의 검은 진흙을 가져오게 할 정도로 미용효과가 알려져 있으니 들어가지 않을 수 없었다. 단, 무릎까지만.

바위 틈새로 발을 넣었다. 발가락 사이로 스며드는 진흙이 부드러웠다. 이 진흙이 마사지용으로 비싸게 팔리는 진흙이다. 손등에 발랐다. 조금 지나서 바닷물에 씻었더니 손등이 정말 매끈매끈했다. 얼굴에도 할 수 있다면 좋으련만(화장하기 귀찮음) 생략했다. 바닷물은 김장배추를 절일 때의 농도만큼 진했다. 물속에 오래 있으면 배추처럼 쪼글쪼글해지지 않을까 싶다.

수영복으로 갈아입은 일행들이 사해로 뛰어들었다. 큰대자로 누운 채 둥둥 떠다녔다. 부러웠다(당시 중이염을 앓고 있었음). 수영하던 이가 사진 촬영을 부탁했다. 개구쟁이 같은 모습을 담아주었다. 오래도록 남을 추억의 사진이 될 것이다.

사해. 바다는 비록 죽었는지 몰라도 이곳을 찾는 이들에겐 삶의 생기를 불어넣는 활해(活海)였다.

고요하고 평화로운 갈릴리 호수

갈릴리 호수 유람선에 오름

이른 아침, 예약된 시간에 선착장에 닿기 위해 서둘렀다. 성경책에서 나오는 갈릴리 호수를 보러 간다(갈릴리는 '물결이 구른다'는 뜻임. 히브리어에서는 호수와 바다는 같은 의미를 지님).

호수는 잔잔한 바다처럼 보였다. 모든 소리가 흡수된 듯 고요했다. 엄숙함마저 느껴졌다. 평상시에는 잔잔하고 맑으나 때때로 큰 폭풍으로 성난 파도를 일으키기도 한다는데 지금으로선 믿을 수가 없었다. 대기하고 있던 유람선에 올랐다. 배에는 우리 일행만 올랐다. 예수님께서 건넜다는 갈릴리 호수로 천천히 나아갔다. 가슴이 뭉클했다. 가이드가 이스라엘에서 자연경관이 가장 아름다운 곳이라고 몇 번이나 강조한다. 틀린 말이 아니다.

호수 위에는 우리 배만 떠있어 마치 탐험가나 선교사가 된 듯했다. 갈릴리 호수를 둘러싸고 있는 갈릴리 지역은 예수님의 복음 선교 활동의 중심지다. 제자들 대부분이 이곳에서 부르심을 받았으며 베드로가 살던 집도 이곳 갈릴리 해변 가버나움 마을이다. 오병이어의 기적을 행하시던 들판도 호수 북쪽 연안에 있으며 산상보훈 설교도 이곳 언덕 위에서 했다. 믿음이 부족했던 베드로가 풍랑 속에 빠진 것도 갈릴리 호수다.

저 멀리 갈릴리 산이 보였다. 산을 끼고 있는 베긴 마을은 예수께서 가르치며 천국의 복음을 전파하셨다는 곳으로 지금도 사람이 살고 있다.

예수님 당시의 갈릴리 호수 연안은 교통의 요지면서 수산업이 번창한 곳(예수님의 제자 대부분이 어업에 종사했던 것만 보아도 이를 충분히 짐작해 볼 수 있음)이다. 아름다운 경치와 기름진 옥토를 갖고 있어 인구도 많았다. 지금도 바나나, 목화, 오렌지, 올리브 등 갖가지 농산물이 풍부하게 재배되고 있으며, 전 이스라엘 땅의 음료수, 농업용수, 공업용수까지 충당하고 있다. 남쪽으로 360Km나 떨어져 있는 네게브 사막의 세데 보케(Ssede Boque)까지 공급하는 생명수 역할로, 사람의 혈관처럼 전 국토를 적셔주고 있다.

갈릴리 호수는 마치 예수님 품에 안겨 있는 듯 평화롭고 포근했다. 유람선에는 한국인 관광객을 위한 애국가 테이프와 태극기가 있었다. 애국가가 흐르자 일제히 왼쪽 가슴에 손을 올리고 태극기를 향했다. 나라를 위해 싸우러 나가는 독립운동가가 된 듯 엄숙했다.

갈릴리 호수 주변의 갈대밭

한 시간을 훌쩍 넘긴 유람선 관광을 끝내고 갈릴리 지역으로 내려왔다. 작은 어촌. 혈관처럼, 하나님의 사랑을 전파하신 예수님 발자국을 따라 나직이 출발했다.

오병이어교회

　오병이어교회에 도착했다. 신약성경에 나오는 오병이어(五餅二魚)의 기적을 기념하고자 약 400년경에 갈릴리 바닷가에 교회와 예배당을 세웠다. 그러나 아랍인들에 의해 파괴되고 1,000년이 넘도록 땅속에 묻혀 있다 1930년대 초 독일 고고학 팀에 의해 발굴되었다.

　1936년 독일 가톨릭 교회에서 오병이어의 기적을 기념하기 위해 그 위에 새로운 교회를 지었는데, 이것이 지금의 오병이어교회다. 교회 바닥에는 모자이크로 두 마리 물고기 사이에 둥근 떡들이 그려져 있었다.

　성경에 대해 무지한 채 이번 여행을 하게 되었지만 지금까지 걸어온 곳과 앞으로 가게 될 곳이 주님을 향한 자들에게는 얼마나 뜻깊고 영광스러운 장소인지 실감했다(여행을 다녀온 후에는 더욱 실감하고 있음). 비슷비슷했던 교회, 모르는 문양과 흔적, 기독교의 상징인 유적과 유물 등. 하지만 어떠랴. 몰랐기 때문에 나의 여행은 부담이 없었고, 발걸음은 가벼웠으며, 편견 없는 대화로 편안한 일정을 보낼 수 있었다. 너무 진지하지 않은 여행. 그 끝에서만 살짝 미안함을 느끼도록 하자며 위안했다.

베드로 물고기

점심은 베드로 물고기다. 어부였던 베드로가 잡았을 거라고 생각되는 생선 요리다. 붕어와 비슷한데(진짜 이름을 모르겠음) 1인 1마리로, 찐 감자와 샐러드가 곁들여 나왔다(샐러드바는 언제나 셀프). 푸짐하고 먹음직스러워 보였다. 기름에 바싹하게 튀겨 생선을 싫어하는 사람도 거부감 없이 먹을 수 있었다.

맛은 약간 싱겁지만(고기에 뿌린 소금 양에 따라 짰다고 한 사람도 있었음) 담백하고 쫄깃했다. 크기가 워낙 컸지만 야금야금 먹다 보니 어느새 뼈만 남았다. 예수님 당시의 맛과 메뉴가 어땠는지 알 수 없지만 우리에게 일용할 양식이 되어준 물고기에게 감사했다. 훌륭했던 만찬이었다.

기드론(Kidron) 골짜기

기드론 골짜기로 향했다. 이곳은 예루살렘성 동쪽 골짜기로, 올리브산(감람산)과 성전산(예루살렘 성) 사이에 있다. 방치된 듯 황량하고 건조했다. 기드론은 '탁류', '어두움'이란 뜻으로, 우기 때에 검고 탁한 물이 흐른다 하여 붙여진 지명이다. 지금은 건기라서 넓은 바위와 성터만 남은 돌길일 뿐 초록을 띤 식물은 구경할 수 없었다.

이곳에는 시체를 매장하고 우상과 제단을 불태우는 쓰레기장이 있다. 당시 예수님은 기드론 골짜기를 건너 겟세마네 동산으로 향하셨고 이곳에서 밤을 새워 기도하신 후 체포되어 십자가를 지셨다. 압살롬의 무덤에 도착했다. 탑처럼 생긴 이것은 누군가가 무덤이라고 말해줘야 알 수 있을 정도로 훼손되어 있었다.

압살롬은 헤브론의 통치시대에 다윗의 셋째 아들이다. 그는 이복형의 장남 암논이 자신의 누이 다말을 능욕하고 버린 것에 분노해서 그를 죽이자 추방된다. 이후 용서를 받아 귀국했지만 다윗에 대한 반란을 일으킨다. 다윗은 예루살렘에서 도피했지만 그래도 압살롬을 받아들이고자 했다. 압살롬은 세력을 장악하는 듯했지만, 군의 수장 요압에 의해 살해되고 그 보고를 받은 다윗은 몹시 한탄하여 이 기념비를 세웠다고 한다.

  조금 더 걸어가니 스가랴의 무덤이 나왔다. 스가랴는 제사장의 아들이다. 제사장이 죽자 왕과 이스라엘 백성들은 하나님과의 생활을 멀리하고 기독교를 무시한다. 스가랴는 왕께 하나님의 명령을 받아 백성들이 하나님과 가까운 삶을 살도록 요구한다. 이에 왕은 스가랴를 성전 안에서 형체를 알아볼 수 없을 정도로 돌로 쳐서 죽인 후 이곳 골짜기에 묻었다. 스가랴 무덤의 지붕은 피라미드 모양처럼 생기고 12개의 기둥이 바치고 있었다.

  한때는 부귀영화를 누렸던 그들이지만 그들의 무덤은 이렇게 한갓진 곳에서 쓸쓸히 세월의 이끼를 덮고 있다. 인생무상이라던가! 압살라와 스가랴의 무덤 앞에 커피 한잔 바친다. 인샬라!

마가의 다락방과 다윗왕의 무덤

"최후의 만찬"의 배경이 된 곳, 마가의 다락방. 시나클룸(Cenaculum, 식당)이라고 불린다. 신약 성경에 따르면 예수가 로마군에 체포되기 전날 열 두 제자와 함께 마지막 유월절 만찬을 나눈 다락방이다(오늘날 성만찬식의 기원임).

마가의 다락방에 있는 9개의 등잔 촛불 '메노라'

다락방 내부는 로마네스크 양식의 세 개의 기둥과 주위 벽을 따라 세워진 아치형 기둥들이 천장을 받치고 있었다.

이곳이 '최후의 만찬'의 장소라고 하니 감회가 새로웠다. 넓지 않은 공간 어디에 만찬이 있었는지 추정하기가 쉽지 않았다. 한쪽에 놓인 아홉 갈래의 메노라가 눈에 띄었다. 메노라는 보통 일곱 갈래다. 그런데 유대교의 축제인 8일간의 하누카(Hanukkah, 수전절, 봉헌절) 기간에 제식용으로 사용되는 메노라는 아홉 갈래다. 하루 하나씩 불을 밝혀 나가도록 8개의 받침과 8개의 불을 밝히기 위한 가운데 받침으로, 아홉 갈래다.

마가의 다락방은 베이지 계통의 고즈넉한 분위기지만 스테인글라스의 빨강, 파랑의 햇살은 활기찬 기운을 넣어주고 있었다. 마가의 다락방 아래층인, 다윗왕의 무덤으로 내려갔다. 이집트 파라오의 거대한 무덤과 달리 이스라엘 왕의 무덤은 대부분 흔적조차 없다. 도굴 때문일까? 다윗왕의 무덤도 실제 무덤이 아닌, 1176년에 십자군이 만든 가묘다. 성경에 따르면 다윗왕은 다른 유대 왕들과 함께 시온산으로 불리는 곳에 다윗성이 있었으며, 그곳에 무덤이 있을 것이라는 추측도 난무하다. 다윗왕의 무덤은 고딕 양식의 석실로 이루어져 있으며, 석실 가운데 길이 2미터, 폭 1미터의 석관이 있었다. 석관에는 백합이 새겨져 있고 "이스라엘 왕 다윗이 살아서 여기 있다"라는 의미의 히브리어와 다윗의 별을 수놓은 천으로 덮여있었다.

살았을 적의 화려한 영광도 죽음 이후에는 아무것도 아닌, 한 줌의 재로 흔적도 없으니. 관 앞에 무릎 꿇었다. 그의 영혼을 달래기 위한 숨죽인 예배가 허무하도록 크게 울려왔다.

다윗왕의 무덤

베드로 통곡교회

Non novi illum(나는 아니다). 세 번을 부인하고 맹세와 저주까지 했던 베드로가 통곡을 했다는, 〈통곡교회〉로 갔다.

교회 안은 마우솔레움 양식[14]의 원형으로 넓고 화려했다. 아치형의 기둥, 높은 천장, 칼라풀한 벽화, 천장에 뚫린 유리창과 스테인글라스는 '통곡'이란 단어와는 무관했다.

하지만 벽화에는 베드로가 무릎을 꿇고 눈물을 흘리고, 다른 제자들이 예수에게 피신할 것을 설득하고, 마리아가 고뇌하고, 예수가 줄에 매달려 사형장에 선 마지막 모습까지 당시의 상황을 말해주고 있었다.

지하에는 예수가 갇혀 있던 지하감옥이 있었다. 어둡고 좁은 그곳에 한국 순례자들이 예배를 올리고 찬송가를 부르고 있었다. 예배가 끝나자 곧바로 다른 순례자들이 들어갔다. 세계 곳곳에서 찾아온 많은 순례자들 속에서 예수는 영원히 함께 하고 있었다.

교회 외부로 나오니, 베드로 조각상이 있었다. 두 손을 흔들면서 '나는 절대 예수의 제자가 아니다'라고 말하며 위기를 넘기고

---

14) 마우솔레움 양식 : 원형으로, 로마 귀족들의 무덤을 짓는 양식임.

있었다.

  그럼에도 예수는 그를 용서했고, 죄를 묻지 않았다. 나는 그러지 않았다.

  "베드로, 왜 그랬나요? 그렇게 배반해도 됩니까?"

  베드로는 말이 없었다.

베드로통곡교회 동상 Non novi illum.

아기 예수탄생교회

아기 예수탄생교회. 주차장 바로 옆으로 조그마한 입구가 보였다. 예수탄생교회의 입구였다. 정말? 등을 굽히고 한 명씩 들어가야 했다. 그러나 들어가자마자 대반전이었다. 세상에! 그 어느 곳보다 넓고 화려했다. 교회에는 많은 성물과 성화가 있었다. 그런데 왜 입구를 좁고 작게 만들었을까(높이 1.2m). 이유는 '겸손'이다. 겸손하게 자세를 낮추고 들어오라 뜻이었다('겸손의 문' 혹은 '좁은 문'으로 불림).

예수탄생교회는 세계에서 가장 오래된 교회 중 하나로 예수가 탄생한 동굴 위에 지어졌다. 기독교 말살 정책의 일환으로 이 장소에 아도니스 신전을 세웠으나 기독교가 공인된 이후 326년에 콘스탄티누스 황제의 어머니 헬레나가 아도니스 신전을 허물고 예수탄생교회를 짓게 했다.

614년 페르시아 군이 베들레헴을 점령했을 때 모든 교회를 파괴하였으나, 이곳만은 파괴되지 않았다. 이유는 예수탄생교회 벽화에 그려진 동방박사들의 옷이 페르시아 조상의 옷과 일치하고 있기 때문이란다.

기독교인이라면 죽기 전 꼭 가봐야 할 곳이라고 하니, 동굴 입구는 인산인해를 이루고 있었다. 조금씩 양보하면서 들어갔다. 예수가 태어난 자리에 14개의 은색 별이 보였다.

14개는 인류 구원의 역사를 펼친 십자가의 길 14개의 지점을 나타내는 동시에 아브라함에서 다윗까지 이르는 14대 계보를 의미했다. 정말 이곳에서 태어나셨다는 말인가. 떨렸다.

예수가 태어난 자리. 14개의 은색 별

들어오는 입구처럼 한 사람씩 몸을 숙이고 겸손한 자세로 예배를 올렸다. 새로운 역사가 시작된 곳, 그곳에서 엄숙하고 경건한 예배는 계속 이어졌다.

비아 돌로로사(Via Dolorosa)

고통의 길, 십자가를 짊어지고 올라간 길, 비아 돌로로사(Via Dolorosa) Way of the Cross 입구에 들어섰다. 라틴어로 비아 돌로로사(Via Dolorosa) 혹은 비아 크루시스(Via crucis)라고 불리는 '십자가의 길'은 예수 그리스도가 본디오 빌라도에게 재판을 받은 곳부터 십자가를 지고 골고다 언덕(갈라비아 언덕)을 향해 걸었던 약 800m의 길과 골고다 언덕에서 십자가 처형에 이르기까지의 전 과정을 의미한다.

이 길은 복음서에 근거한 역사적인 길이라기보다는 순례자들의 신앙적인 길로써 14세기 프란치스코 수도사들에 의해 확정된 길이다(18세기에 확정되었다고 주장하는 것도 있음). 이 길에는 각각의 의미를 지닌 14개의 지점이 있는데, 이 중 제10지점에서 제14지점까지는 성묘교회 안에 있다.

제1지점 - 예수가 재판을 받았던 본디오 빌라도 재판정으로, 예수에게 십자가형이 확정되었다. 이곳에는 선고교회(Church of Condemnation)와 채찍교회(The Flagellation)가 있다. 골고다 언덕이라고 들은 바 있어, 인적이 드문 황폐한 언덕일 줄 알았는데, 기념품 가게가 즐비한 상가 가운데에 있다는 것이 의외였다. 옆으로 지나가는 무심한 가게 주인들의 모습과 예수님의 고통은 연결이 되지 않았다. 오히려 가게의 알록달록한 기념품과 인도까지 나와있는 스카프, 의류, 먹거리들이 정신을 혼미하게 만들었다. 할렐루야!

제2지점 - 십자가형을 판정받은 예수는 가시관을 쓰고 홍포를 입은 후 수많은 군중들의 조롱을 받으면서 이곳을 시작으로 골고다로 향했다. 교회당 안으로 들어갔다. 외형과 달리 창과 천장이 높고 현대식으로 개조된 듯했다. 가이드가 성경을 펴고 여기에 맞는 구절을 찾아 읽었다. 교인이 아니지만 성경말씀이 잘 들려왔다.

제3지점 - 예수가 처음 쓰러진 곳이다. 그 흔적은 1856년에 세워진 아르메니안 기념 교회에 속해있는 작은 교회당에 있다. 들어가는 천장에 예수가 고통스러워하며 쓰러지는 장면의 부조가 보인다.

제4지점 - 예수가 슬퍼하는 성모 마리아를 만난 곳이다. 들어가는 입구에 예수와 마리아가 손을 잡고 있는 부조가 보인다. 가슴 저린다.

제5지점 - 키레네 사람 시몬(Simon of Cyrene)이 예수를 대신하며 십자가를 짊어진 곳이다. 성경에 의하면 "키레네 사람 시몬은 알렉산드로스와 루포스의 아버지였는데, 시골에서 올라오는 길이었다."라고 되어있다. 이곳에는 1895년에 세워진 프란시스칸교회가 있다. 제5지점을 상징하는 'V'자 뒤에는 시몬이 예수를 대신해 십자가를 짊어진 부조가 있다.

제6지점 - 성 베로니카(St. Veronica) 여인이 물수건으로 예수의 얼굴을 닦아 준 곳이다. 이를 기념하기 위해 1882년에 그리스 정교회가 기념교회를 세웠다. 예수의 땀을 닦고 돌려받은 물수건에 예수의 초상이 새겨졌다는 전설이 있다.
여기서 7지점으로 가는 길목에 기념품 가게가 많았다. 작은 아치형 입구 가게에 들렀다. 오른쪽에 수녀님 한 분이 그림이나 사진, 성화를 액자로 만들고 있었다. 그 모습이 얼마나 단아하고 순수한지. 소박한 실내와 고요하게 깔린 침묵이 잘 어울렸다. 가게 안쪽에는 책과 엽서들이 빼곡히 꽂혀 있었다. 수녀님의 작업을 방해하는 것 같아 모래 접시 촛대에 불을 켜고 서둘러 나왔다. 아멘!

제7지점 - 예수가 두 번째 쓰러진 곳으로, 1875년 이곳에 예배당이 세워졌다. 예배당에는 예수님이 십자가를 짊어진 채 쓰러진 부조가 유리관에 보호되어 있다. 휘어진 등이 고통스러워 보였다. 옆에는 예수님이 쓴 가시면류관이 있다. 보기만 해도 아픔이 느껴지는 가시, 예수를 향한 배신과 배척의 날처럼 보였다.

제8지점 - 예수가 "예루살렘의 딸들아 나를 위하여 울지 말고 너희가 너희 자녀를 위하여 울라."라고 말씀하신 곳이다. 둥근 돌 위에 구멍 난 십자가가 있고 'NIKA'라고 새겨져 있다. '구원'이라는 뜻이다. 사람들의 손길로 반질반질해진 구멍에 손을 얹었다. '아멘!'
9지점으로 갈 때는 시장길로 갔다. 이스라엘 전통과자와 야채만두, 갖가지 열매과 과일 절인 것들을 파는 상점이 많았다.

제9지점 - 예수가 세 번째로 쓰러진 곳으로 콥틱교회(동굴교회)가 있다. 입구의 아치에 초록 잎, 빨간 열매(포도 같았음)가 새겨져 있어 그나마 덜 침울해 보인다. 오른쪽 벽의 부조에는 쓰러진 예수를 창으로 찌르려는 로마 군사와 예수를 보호하려는 시몬(?)이 보인다.

성묘교회

성묘교회(Church of the Holy Sepulchre)는 예수가 안장되었던 곳에 세워진 교회다. 교회 안에는 '십자가의 길' 제10지점부터 제14지점이 있다.

성묘교회는 336년에 기독교를 합법화한 로마 황제 콘스탄티누스의 어머니인 헬레나가 추진하여 만들어졌지만 몇 차례의 파괴와 재건립의 과정을 겪었다(대부분의 교회가 다 그러함). 현존하는 교회는 십자군에 의해서 세워진 것으로 이 또한 여러 번에 걸쳐 개축과 보수가 이루어지면서 지금의 모습이 되었다. 교회 내부는 가톨릭교, 그리스 정교회, 콥틱 기독교, 시리아 정교회, 아르메니안 정교회 등 여러 교파가 각각 구획을 나누어 사용하고 있다. 교회의 열쇠는 이슬람 측이 소유하고 있다고 한다.

제10지점 - 예수의 옷을 벗긴 곳이다. 제10지점으로 들어가는 초입에는 승천교회와 비슷한 돔형의 예배당이 있다. 가이드가 이곳에서 또 한 번 성경을 읊었다. 아멘!

제11지점 - 예수가 십자가에 못 박힌 곳이다. 벽화에는 못 박힌 예수의 발치에서 마리아가 통곡하는 모습이 있다. 부모로서 가장 참기 힘든 고통이었으리라. 가운데에는 검은 옷을 입은 하나님의 심부름꾼(?)이 예수를 데려가기 위해 서 있다(작가 해석임).

제12지점 - 예수가 십자가 위에서 돌아가신 곳이다. 이번 여행 중 줄이 가장 긴 곳으로, 한 시간 넘도록 기다려야 했다. 주변은 예수의 죽음을 슬퍼하기보다 거룩한 탄생을 암시하는 듯 갖가지 색과 무늬로 만든 장식과 보석들로 화려했다(대부분 성지들이 생각보다 화려했음). 내 차례가 돌아왔다. 무릎을 꿇고 앞을 주시했다. 성모 마리아 액자가 있었다. 예수를 하나님 품으로 보내며 기도하는 마리아의 모습이다. 어떤 심정이었을까. 세상의 모든 어머니의 심정은 같지 않을까. 마리아를 위한 기도를 올렸다.

제13지점 - 요셉이 예수의 시신을 내려놓은 지점이다. 많은 순례자들이 시신을 내려놓은 그곳에 손을 얹고 기도를 하거나 울었다. 차갑고 딱딱한 대리석으로 당시에는 더 차갑고 냉랭했을 것이다. 잠시 묵상에 잠겼다.

제14지점 - 마지막으로, 전형적인 로마네스크식 아치형의 원형기둥과 사각기둥이 있는 넓은 공간이 나타났다. 가운데 탑을 중심으로 사람들의 줄이 탑을 감싸듯 이어져 있다. 여기가 요셉이 예수를 장사 지낸 곳으로 예수의 무덤이 있는 곳이다. 기독교인들이라면 반드시 오고 싶어 하는 성지. 순례객들은 기다림 자체를 숭고하게 받아들이며 묵상하고 있었다. 줄을 선 순례자의 모습이 거룩하게 보였다.

통곡의 벽

통곡의 벽은 구약성서에 나오는 성전의 서쪽 일부라 여겨 '서쪽벽(Western Wall)'이라고도 불린다. '통곡의 벽(Wailing Wall)'에는 다음과 같은 두 가지 유래가 있다.

하나는 예수가 죽은 뒤 로마군이 예루살렘의 많은 유대인을 죽였는데, 이 비극을 지켜본 성벽이 밤이 되면 통탄의 눈물을 흘린다는 설이다. 또 하나는 유대인들이 성벽 앞에 모여 성전이 파괴된 것을 슬퍼한다는 설이다.

멀리서 바라본 통곡의 벽

통곡의 벽은 유대인들과 팔레스타인의 아랍인들 사이의 오랜 분쟁거리로 남아있다. 유대인들에게는 '약속의 땅'인 이스라엘의 상징이며, 아랍인들에게는 바위 사원과 알 아크사 모스크에 속한 이슬람 성지다.

1929년 유대인과 팔레스타인 사이의 '통곡의 벽 사건' 이후로 유대교와 이슬람교 사이의 종교적 갈등은 지금까지 이어지고 있다. 통곡의 벽은 제2차 세계대전 후 요르단에 속해있다가 제3차 중동전쟁 때는 이스라엘이 예루살렘 구시가지를 점령하면서 이스라엘로 넘어왔다.

멀리서 본 통곡의 벽에는 사람들이 다닥다닥 붙어 있었다. 수학여행을 온 학생들과 수녀, 교회나 성당에서 온 순례객. 검은 상복을 입은 유대인 등 다양했다. 언제든 분쟁이 일어날 것을 대비한 무장 군인도 보였다. 반면, 유대인 아이들이 뛰어노는 모습은 통곡의 벽에 얽힌 갈등과 전쟁의 아픔과는 무관하게 밝고 평화로워 보였다.

광장 변두리의 진열장에는 누구나 사용 가능한 성경책들이 꽂혀있고 남녀를 구분한 가로막 옆 의자에는 기도하는 이들로 꽉 들어찼다.

통곡의 벽 가까이 다가갔다. 오른쪽은 여자, 왼쪽은 남자가 드나들 수 있었다. 남자는 '키파'를 쓰도록 했다(한쪽에 마련되어 있었음). 벽 앞에는 보이지 않는 줄이 있었다. 무질서해 보이지만 차례를 기다려주는 배려가 자연스러웠다.

벽 틈에는 수많은 메모지가 끼워져 있었다. 빛바랜 메모지도 있었다. 지금은 세상에 없는 이의 메모지도 있을 터였다. 각자의 소원이 이루어졌는지, 이루어지고 있는지. 내 차례가 왔다. 회색 벽에 손을 짚고 눈을 감았다. 이 벽으로 인해 희생된 자, 고통받은 자, 지금까지 거쳐 간 이들의 간절한 기도와 염원이 느껴졌다.

오늘날의 기독교가 과연 예수님이 원하던 길인지, 제대로 나아가고 있는지, 통곡 없는 세상을 위하여 기도했다. 아멘!

통곡의 벽 앞에 기도문을 읽고 있는 여러 인종들

여행을 접으면서

　여행이란 이렇다고 말하고 싶다. 시절 인연이 되어 만나러 가는 것이라고. 언제나 머릿속에 생각으로 품고 있다가 어느 순간, 시간과 때와 조건들이 '시절 인연'이라는 행운 앞에 모여 현실화되는 것이라고. 그것이 여행이 아닐까 싶다. 대상이 자연이라도 좋고 건축물이나 예술작품, 또는 나라, 사람이어도 좋다. 이번 여행은 자연과의 인연이 아니었나 싶다. 룸메이트 없이 싱글로 지냈던 것이 한층 자연에게 다가갈 수 있었던 것 같다.

　내겐 종교가 없다. 나 자신을 믿을 뿐이다. 다만 나 자신이 약하고 힘들 때면 잠시 성당이나 절, 또는 교회를 찾는다. 아니면 그 누군가를 찾기도 하고, 여행에서 찾기도 한다. 그렇다고 뚜렷하게 뭔가가 잡힌다거나 확신이 내려지는 것은 아니다. 그냥 느끼고 나누고 부딪히고 되돌아보는 시간을 가질 뿐이다. 그것을 '인연'이라고 둘러대고 내 여행의 이유와 근거를 만들어내고 있는지도 모르겠다. 이왕 떠난 여행에서 어떤 것이든 만나야 할 인연이라면 대환영이다. 그것이 여행길을 함께 한다면 더욱 좋을 것이고, 외로울 때 의지 할 수 있는 인연이라면 뭐든 마다하고 싶지 않다.

뉴질랜드 남섬에서 만났던 어느 여행가가 이렇게 얘기했다. '여행이란, 유목 생활의 시초다. 정해진 틀에서 벗어나고자 하는 인간 본래의 욕구가 드러난 것으로, 새로운 것을 갈구하고 인간 상호 간 지닌 문제를 탐구하고 해결하려는 행동이다'라고.

이 얼마나 멋진 표현인가. 내 여행의 첫걸음을 대변하고 있는 듯하다. 인간 본래의 욕구를 드러낸 모습이자 새로운 것을 갈구하고 있는 나의 모습. 내가 갖고 있는 문제를 탐구하고 해결하고자 한 걸음 물러나, 한 호흡 뒤로하고자 떠나는 여행.

여행은 대자연 속에 꿋꿋하게 서 있는 자유로운 나를 만나게 해준다. 꾸미지 않은 나, 얽매이지 않은 나, 어떤 틀 속에서도 꿈틀거리며 생명의 신비를 체험해 간 나를 만난다. 그런 나를 다시 만나고 싶다면 난 언제든 떠날 것이다. 하지만 다른 이유보다 따스한 어떤 '근거'를 갖고 떠나고 싶다는 게 지금 나의 솔직함이다. 왜냐하면, 여행은 멋진 인연을 찾아 나서는 것이기도 하니까, 말이다.

짧아서 아쉬웠던 여행이지만 언젠가 또 다른 기회가 있으리라 생각한다. 그리고 간단한 메모들이 한 권의 책으로 엮어지게 되어 감사하다.